Sascha Exner

How to speak Australian

So spricht man in Australien

mit Illustrationen von Michael Deißler

10. Auflage 2018

ISBN 978-3-943403-00-8

Bibliografische Information der Deutschen Bibliothek:

Die Deutsche Bibliothek verzeichnet die Publikation in der Deutschen Nationalbibliografie; detaillierte bibliografische Daten sind im Internet über http://dnb.ddb.de abrufbar.

**Dieser Titel ist auch als eBook verfügbar
in den Formaten: ePub und Mobipocket.**

ISBN 978-3-943403-00-8

© 2018 by Sascha Exner

EPV Elektronik-Praktiker-Verlagsgesellschaft mbH
Postfach 1163 · 37104 Duderstadt
Email: info@epv-verlag.de
Web: www.epv-verlag.de

Printed in Germany by TZ Verlag & Print GmbH
Bruchwiesenweg 19 · 64380 Roßdorf

Das Werk ist urheberrechtlich geschützt. Die dadurch begründeten Rechte, insbesondere die der Übersetzung, des Nachdruckes, der Entnahme von Abbildungen, der Funksendung, der Wiedergabe auf fotomechanischem oder ähnlichem Wege und der Speicherung in Datenverarbeitungsanlagen bleiben, auch bei nur auszugsweiser Verwertung, vorbehalten.

Die Wiedergabe von Gebrauchsnamen, Handelsnamen, Warenbezeichnungen usw. in diesem Werk berechtigt auch ohne besondere Kennzeichnung nicht zu der Annahme, dass solche Namen im Sinne der Warenzeichen- und Markenschutz-Gesetzgebung als frei zu betrachten wären und daher von jedermann benutzt werden dürften.

Wir übernehmen auch keine Gewähr, dass die in diesem Buch enthaltenen Angaben frei von Patentrechten sind; durch diese Veröffentlichung wird weder stillschweigend noch sonstwie eine Lizenz auf etwa bestehende Patente gewährt.

Vorwort	5
Einführung - Regeln & Besonderheiten	7
We come from the land down under - Land und Leute	10
Waltzing Matilda - Sträflinge, Siedler und Strauchdiebe	21
Dreamtime - Schwarzer Mann auf rotem Land	26
Fair dinkum - She'll be right - Typisch australisch	29
Just say it a bit shorter - Abkürzungen	53
Let's hit the road Jack - Hot Wheels	57
Ellbow grease & chucking sickies - Arbeiten in Oz	61
Aerial ping-pong, surfies & The Cup - Sport & Spiel	66
Redbacks and goldies - Rund ums Geld	71
All dressed up and nowhere to go - Klamottenkiste	75
Billy Bluegum, Joey & Co. - Tierisches	78
Loaf, ivories & laughing gear - Körperkunde	83
Making love the Aussie way - Love & Sex	86
Bad language & a bit of a barney - Dirty Talk	94
Having a bit of a nosh - Australische Küche	101
When the grog begins to flow - Pub-Slang	111
Running out of poo-tickets - Klo-Slang	124
Index - Übersicht aller benutzten Vokabeln	126

Vorwort
So spricht man in Australien

Australien heißt das Land am anderen Ende der Welt, das Jahr für Jahr Millionen von Besuchern, darunter auch etliche Deutsche, wie ein Magnet anzieht. Nicht zu Unrecht, denn es gibt Down Under („unten drunter"), wie die Einheimischen scherzhaft ihren Kontinent nennen, weil er als einziger auf der Südhalbkugel liegt, eine Menge zu sehen und zu erleben – vor allem Einmaliges. Was den Charakter des fünften und zugleich kleinsten Kontinents ausmacht, sind die zahlreichen Kontraste und Extreme, nicht nur in geographischer und klimatischer, sondern auch in kultureller und sprachlicher Hinsicht. Auf den ersten Blick erkennt man zwar den Einfluss der vorwiegend europäischen und asiatischen Einwanderer auf die noch junge Nation, muss aber spätestens dann zugeben, dass man sich auf fremdem Boden befindet, wenn man sein erstes Känguruh gesehen oder eine Tour durch die atemberaubenden, grundverschiedenen Landschaften gemacht hat... oder in eine Unterhaltung mit einem „echten" Australier verwickelt wird.

Nichts für ungut – Englisch ist nach wie vor die offizielle Landessprache, jedoch hat sich daraus im Laufe der über 200-jährigen weißen Besiedlung Australiens eine völlig anders klingende Variante entwickelt, die mit einer Vielzahl an Wortschöpfungen und anderer Grammatik nur noch im Entfernten an das Englisch erinnert, das man im ehemaligen Mutterland zu sprechen pflegt.

Die Aussies selbst bezeichnen diesen unenglischen Abkömmling als **Strine** (genuschelt für Australian Slang) oder **„our lingo"** (Sprache, ebenfalls genuschelt) – ein wirksames Mittel zur nationalen Selbstfindung, um endlich aus dem Schatten „Mother Englands" zu treten und dem Rest der Welt kulturelle Eigenständigkeit zu demonstrieren. Dabei ist man sich unter Linguisten uneinig, wo eigentlich die Wurzeln des Aussie Slangs zu suchen sind. So gibt es unverkennbar viele Gemeinsamkeiten mit dem Cockney Dialekt, wie er auch heutzutage noch vereinzelt im Londoner East End zu hören ist. Andere hingegen meinen, dass Strine ein Kauderwelsch aus Schottisch, Irisch, Gälisch und Englisch ist, mit dem sich die Strafgefangenen verständigten, um sich so von der damals vorherrschenden Obrigkeit abzugrenzen – quasi als eine Art Auflehnung.

Vorwort

Fest steht, dass der Australian Slang ursprünglich eine Sprache der einfachen Leute war, sich aber im Laufe der australischen Nationsbildung zu einem Verständigungsmittel aller sozialen Schichten entwickelt hat – mit einem hohen Stellenwert.

So ist es heutzutage unwahrscheinlich, dass man bei einem Aufenthalt auf dem Roten Kontinent nicht wenigstens ein paar Brocken Umgangssprache aufschnappt; sei es nun in Büchern, Filmen, Kneipen, am Strand, auf der Straße oder sogar schon auf dem Flughafen bei der Gepäckkontrolle, wo man vom zuständigen Beamten mit einem freundlichen „G'day mate!" begrüßt wird.

Natürlich wird man anfangs Probleme haben, die Bedeutung einzelner Wörter und Phrasen zu verstehen, zumal sie in keinem herkömmlichen Wörterbuch zu finden sind. Auch kann es vorkommen, dass man sein Schulenglisch verflucht. Aber wie sagt man in Australien so schön? „No worries - she'll be right!" Wird schon schiefgehen! Das Verständnis kommt mit der Zeit und außerdem sind wir Deutschen nicht die einzigen, denen die australische Alltagssprache Schwierigkeiten bereitet. Selbst Briten und Amerikaner bitten Australier häufig darum, etwas zu wiederholen. Und auf internationalen Filmfesten fordert man des Öfteren die Untertitelung australischer Filme.

Die Idee zu diesem Buch kam mir bei meinem ersten längeren Aufenthalt in Australien vor über 20 Jahren. Zwar war ich durch langjährige Freundschaften und Briefwechsel vorgewarnt, jedoch dauerte es einige Zeit, bis ich mich an das alltägliche Aussie-Kauderwelsch gewöhnen konnte. Mit Stift und Notizblock bewaffnet machte ich mich damals (und bei allen Folgereisen) ans Werk und dokumentierte jede aufgefangene Vokabel, wobei ich viel über Land und Leute kennenlernte. Das Ergebnis dieser „Recherchetätigkeit" ist der – nun bereits in der 10., überarbeiteten Auflage – vorliegende Sprachführer, der, gepaart mit ein wenig Landeskunde, all denen eine Hilfe sein soll, die in Australien unterwegs sind und etwas mehr Durchblick haben wollen. Frei nach dem Motto: „Verstehen und verstanden werden!"

Duderstadt, im Juni 2018

Der Autor

Einführung
Regeln & Besonderheiten

Bevor es nun ans Eingemachte geht, und Sie sich – vielleicht während des langen Fluges ans andere Ende der Welt – die Zeit mit etwas „Vokabelpauken" vertreiben möchten, wäre es sinnvoll, zunächst einmal etwas über die **Besonderheiten des Aussie Slangs** zu erfahren:

Im Prinzip gelten die meisten grammatikalischen Regeln, die Sie in der Schule gelernt haben, auch für das australische Englisch – zumindest für das geschriebene. Was das alltägliche Aussie-Kauderwelsch jedoch so gänzlich von dem Englisch unterscheidet, das im Rest der Welt gesprochen wird, liegt in der über 200-jährigen weißen Besiedlungsgeschichte begründet. Die Sträflinge und Siedler haben ihre aus dem Königreich mitgebrachten Dialekte und Akzente nach und nach an die **Gegebenheiten des Kontinents angepasst**, wodurch bereits **bestehendes Vokabular eine neue Bedeutung** erhielt; zahlreiche Begriffe (besonders aus Flora & Fauna bzw. Ortsbezeichnungen) wurden von den **schwarzen Ureinwohnern übernommen**, und es entstanden auf diese Weise Hunderte von **„uraustralischen" Wortschöpfungen**.

Was einem als Neuling sofort ins Ohr sticht, ist der ungewöhnlich **animalisch klingende Akzent**, welcher zweifelsohne auf die Bequemlichkeit vieler Aussies, beim Sprechen selten den Mund zu öffnen, zurückzuführen ist. So kommt es, dass viele Vokale bei der Aussprache einen **gedehnt-nasalen Charakter** erhalten. So klingt z.B.:

> das „a" in „cake" wie ein deutsches ai - sprich: kaik
> das „i" in „island" wie ein deutsches oi - sprich: oiländ
> das „a" in „arse" wie unser deutsches a - sprich: aars

Übrigens klingt der „Aussie accent" in ganz Australien gleich, da es im Gegensatz zu Deutschland oder Großbritannien keine regionaltypischen Dialekte gibt. Angesichts der **atemberaubenden Geschwindigkeit**, mit der gesprochen wird, scheinen die Aussies das bekannte Klischee zu erfüllen und sich permanent auf der Flucht vor den Attacken einheimischer Fliegenschwärme zu befinden.

Regeln & Besonderheiten

Dabei werden nicht nur **Silben verschluckt**; durch das **Weglassen** von Buchstaben oder gar ganzen Satzteilen entstehen auch recht seltsam anmutende, oftmals **schwer verständliche Wortgebilde**. Hier ein paar Beispiele für korrekt genuscheltes Australisch:

> englisch: **"Have a good weekend!"**
> deutsch: „Schönes Wochenende!"
> australisch: **"Avagoodweegend!"**
>
> englisch: **"How is it going, mate? Alright?"**
> deutsch: „Wie geht's dir, Kumpel? Alles in Ordnung?"
> australisch: **"Owsidgoinmateorright?"**

Im australischen Umgangsenglisch werden aber nicht nur ganze Sätze, sondern auch viele Worte „verstümmelt", denen man dann die Endungen **-a**, **-ie**, **-o** oder **-y** anhängt. Gebräuchliche **Abkürzungen** sind z.B.:

> a couple of → cuppla
> barbeque → barbie
> garbage man → garbo
> television set → telly

Auch kann es vorkommen, dass man **persönliche Fürwörter** anders verwendet, als Sie und ich es in der Schule gelernt haben. So wird z.B. anstelle von

it häufig **she** oder **her** gebraucht, wie in: **"She'll be right, mate!"**

Statt **my** hört man oft **me**: **"Me bloody tinnie's empty!"**
oder auch **the**: **"The bloody dog is a lazy bugger."**

Statt **me** kann man auch **us** sagen: **"Give us a break, will ya!"**

Sind zwei oder mehr Personen anwesend, wird aus **you** ein **youse**:
"What are youse up to today?"

Regeln & Besonderheiten

Australier sind Meister des trockenen Humors und neigen gern zu **Unter- bzw. Übertreibungen**. Doch scheint gerade dies bei vielen Strine-Unkundigen für Verwirrung zu sorgen. Um die Ironie seines Gegenübers zu verstehen, sollte man sich an folgende Faustregel halten: **Aussies meinen (fast) immer genau das Gegenteil von dem, was sie sagen!**

So bedeuten z.B.:

"He's orrright!" „Er ist echt ein dufter Kerl!"

"You've got a fat chance!" „Gib's auf – Du hast keine Chance!"

Wortspiele und Reime sind ebenfalls häufig zu hören. Warum sollte man sich auch konsequent ans Wörterbuch halten, wenn man sich lustiger ausdrücken kann?

bag of fruit reimt sich auf **suit** Anzug

rumb delatives **d**umb **r**elatives bucklige Verwandtschaft

Bei allen so gekennzeichneten Wörtern und Redewendungen handelt es sich um **Vulgärsprache**, **Beleidigungen** oder **diskriminierende Ausdrücke**, die ich zur Unterscheidung vom normalen Alltagsaustralisch in dieses Buch aufgenommen habe. Sie sollten dieses Vokabular nur benutzen, wenn Sie sich gern in Kneipen herumprügeln und es Ihnen Spaß macht, die ansonsten sehr gastfreundlichen Aussies zu verärgern.

Soviel also zu den auffälligsten Merkmalen der australischen Umgangssprache. Weitere kleine Abweichungen vom „Standard-Englisch", aber auch etwaige Gemeinsamkeiten mit dem Kauderwelsch, das man in Neuseeland und den USA spricht – werden Sie sicherlich noch beim Stöbern in den einzelnen Kapiteln entdecken. Hierbei wünsche ich Ihnen viel Spaß! Übrigens... als Faustregel gilt: **Je weiter Sie sich aus urbanen Gefilden entfernen, umso mehr Slang wird Sie erwarten!**

Land & Leute
We come from the land down under

„I come from the land down under, where beer does flow and men chunder..." Wer kennt ihn nicht, diesen Song von „Men at Work", der Anfang der 1980er Jahre die Hitparaden stürmte und dem Rest Welt ein gutes Stück australische Kultur näherbrachte? Auch die Werbekampagnen diverser Bier- und Zigarettenhersteller und populäre Filme wie „Crocodile Dundee" versuchen uns seit Jahren ein „typisches" Bild vom Fünften Kontinent zu vermitteln. Doch was ist wirklich dran an all diesen Klischees? Sicherlich auch ein Fünkchen Wahrheit, aber nur in dem Maße, wie wir Deutschen im Ausland etwa als „sauerkrautfressende, blasmusikliebende Lederhosen-Träger" pauschalisiert werden wollen.

Was aber macht nun die australische Mentalität aus? Um diese Frage zu beantworten, sollte man am besten selbst ans andere Ende der Welt fliegen und sich vor Ort ein Bild machen. Ohne alle Bewohner des **„Land of Oz"** über einen Kamm scheren zu wollen, lässt sich jedoch ein Großteil der australischen Gesellschaft in etwa so charakterisieren:

Im Prinzip unterscheidet sich der Durchschnitts-Aussie nicht allzu sehr von den Menschen in anderen westlich-orientierten, also amerikanischen oder europäischen Ländern. Denn auch Down Under streben die meisten ein mehr oder weniger „stinknormales" Leben an, wollen heiraten, eine Familie gründen, Haus und Auto besitzen.

Ziemlich australisch hingegen ist das **„Easy Going"**, eine geruhsame Grundeinstellung, die sich durch alle Bereiche des alltäglichen Lebens zieht. Soll heißen, dass – bis auf wenige Ausnahmen – alles ein wenig lockerer abläuft und nicht allzu ernst und verbissen gesehen wird. Selbst in der Arbeitswelt sind Hektik und Stress im allgemeinen Fremdworte, getreu dem Motto „Was du heute kannst besorgen, verschieb doch lieber gleich auf morgen." Ohnehin ist Arbeit für viele eher ein notwendiges Übel, von dem man sich in der Freizeit ausgiebig erholen muss – sei es nun beim Barbeque mit Freunden, in der Kneipe oder am Strand. Möglichkeiten gibt es viele, und da das Wetter einem Down Under fast nie einen Strich durch die Rechnung macht, wird die „wichtigste Zeit des Tages" meist im Freien verbracht.

Land & Leute

Besonders der zwischenmenschliche Bereich ist gekennzeichnet von einem ungezwungenen, freundlich-humorvollen Umgangston. So redet man sich häufig mit Vornamen an und ist im allgemeinen auch Fremden gegenüber sehr aufgeschlossen. Ein Begriff, den man in diesem Zusammenhang immer wieder hört, ist **„Mate"** – zum einen die australische Entsprechung für einen Freund oder Kumpel, zum anderen aber auch eine gebräuchliche, oft recht oberflächlich anmutende Anrede für jedermann. Wobei die Betonung auf Mann liegt: Denn historisch gesehen hat die Mateship-Tradition ihren Ursprung in der australischen Pionierzeit des 19. Jahrhunderts, insbesondere auch während des Goldrausches, als sich die Männer im alltäglichen Kampf ums Überleben verbrüderten und einander zur Seite standen. Heutzutage spielen Männerfreundschaften oftmals nur noch im Pub eine Rolle, wenn es darum geht, wer die nächste Runde Bier bezahlt.

DIE TOP 10 DER AM HÄUFIGSTEN VERWENDETEN WORTE DOWN UNDER

1.	G'day	=	Hallo, Guten Tag
2.	mate	=	Freund, Kumpel
3.	bloody	=	verdammt, Mist
4.	bastard	=	Mistkerl, auch: guter Kumpel
5.	surf	=	Brandung
6.	Vegemite	=	Brotaufstrich
7.	beer	=	Bier
8.	barbie	=	Grillparty
9.	No worries	=	Alles in Ordnung
10.	ripper	=	spitze, klasse, super

Land & Leute

Sydney or the bush
Sekt oder Selters

Nicht ohne Grund haben sich die meisten der etwa 22 Mio. Australier für ein Leben in einer der fünf großen Metropolen oder zumindest in einer möglichst küstennahen Kleinstadt entschieden. Denn alles, was jenseits der städtischen Siedlungsgebiete liegt und allgemein als **Bush** oder **Outback** bezeichnet wird, ist in den Augen vieler eher zum Sterben als zum Leben geeignet: schier grenzenlose Wüsten, einsame Wildnis, ausgetrocknete Flüsse und unerträgliche Hitze, die sonnenstichgeplagte Krähen sogar zum Rückwärtsfliegen verleiten soll. In der Tat geht auf dem Land alles etwas langsamer zu (selbst das Sprechen); nur Touristen würden in dieser gottverlassenen Gegend auf die Idee kommen und zur Mittagszeit Fußball spielen. Dennoch gibt es einige Wenige, die sich, allen Beschwerlichkeiten zum Trotz, im australischen Hinterland niedergelassen haben. Um diesen besonderen (bzw. sonderbaren) Menschenschlag, den sog. **„Bushies"**, ranken sich schon seit Pionierzeiten die wildesten Legenden. Literatur, Folklore und moderne Filmindustrie tragen ihren Teil zum weitverbreiteten Klischee des „typischen Australiers" bei. Demzufolge ist der oft zitierte **„Bastard from the Bush"** eine Art Crocodile-Dundee-Verschnitt, ein rauhbeiniger, baumlanger, ständig fluchender, sonnengegerbter Naturbursche, der sich nichts gefallen lässt. Was ihn sympathisch macht, ist seine aufrichtige Art und Hilfsbereitschaft, sein trockener Humor und die Fähigkeit, selbst nach dem zwanzigsten Bier noch stehen zu können. Wenn Sie während Ihrer Reise durch den Busch wirklich ein solches „Original" antreffen sollten, hat dies echten Seltenheitswert.

Land & Leute

Ein bisschen „Städter-Jargon" gefällig?

The Alice	Alice Springs
Apple Island / Tassie	die „Apfelinsel" Tasmanien
back blocks	die äußeren Viertel einer Großstadt
Banana City / Brissie	Brisbane, Hauptstadt von Qld.
the big smoke	die „große Dunstglocke" (Ausdruck der Landbevölkerung für „Großstadt")
Bundy	Bundaberg (Queensland), wo der australische Rum produziert wird.
Coathanger	Sydneys berühmte Hafenbrücke, die aussieht wie ein Kleiderbügel
The Cross	King's Cross, Sydneys Rotlichtbezirk
Cross-roach	*zwielichtige Gestalt aus dem Milieu; das Wort heißt soviel wie Penner oder Ganove*
The Gong	Wollongong
The Hill	Broken Hill (NSW)

Und damit die „Landeier" nicht zu kurz kommen...

Back of Bourke / **back of beyond**	Jenseits von gut und böse; Bourke ist eine Stadt am Rande des Outbacks (800 km nw. von Sydney).

Land & Leute

Bullamanka / Speewa / Woop-Woop	Fangen Sie erst gar nicht an, diese Orte auf einer Landkarte zu suchen. Es handelt sich dabei um imaginäre Plätze irgendwo in der unendlichen Weite des Outbacks.
bull dust	der rote Staub des Outbacks
bushie	Buschbewohner
past the Black Stump / the arse end of nowhere / where the crows fly backwards / fly country	geläufige Umschreibungen für: am Arsch der Welt
the dead heart / the never-never	das „tote Herz" Australiens
dover	Busch- bzw. Survivalmesser
gibber	Stein, Geröll oder Wüste
gum / gum tree	Eukalyptusbaum
humpy	provisorische Hütte oder Unterkunft (meist für eine Nacht)
mulga / scrub land	Wüste, Outback
to go up the mulga	*durchs Outback ziehen, fahren*
Uluru / Ayers Rock	ein Heiligtum der Aborigines

Land & Leute

Trash-talkers & banana benders
Australier unter sich

Bislang haben Sie die Aussies in diesem Buch ganz pauschal als Volksgruppe kennengelernt. Global gesehen geht das auch vollkommen in Ordnung. Wenn man aber etwas an der Oberfläche kratzt, wird klar, dass für die Australier ein Australier nicht gleich ein Australier ist. Der Hauptgrund für diese Unterschiedlichkeiten liegt in der föderativen Aufteilung des Kontinents in einzelne, politisch voneinander unabhängige Bundesstaaten und Territorien. Und da jede Region sich allein schon äußerlich von den anderen unterscheidet, „müssen" die jeweiligen Einheimischen eben auch einfach anders sein als die anderen. Schließlich kann man bei uns in Deutschland einen Ostfriesen auch nicht mit einem Schwaben über einen Kamm scheren. An dieser Stelle finden Sie nun also einige „Spitznamen", mit denen sich die Aussies traditionell untereinander piesacken.

| **Australian Capital Territory (ACT)** | **bullshit-artists / trash-talkers** | „Dummschwätzer" aus der australischen Hauptstadt Canberra, in der 2/3 der Bevölkerung für die Regierung arbeiten. |

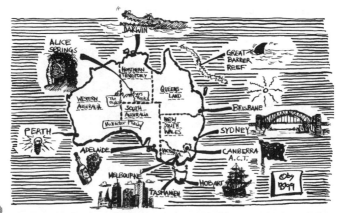

Land & Leute

New South Wales (NSW)	cockroaches / Eastern staters / magpies	Die „diebischen Elstern" aus dem Osten - eine Anspielung auf die ersten Sträflinge, die hier vor über 200 Jahren an Land gingen.
Northern Territory (NT)	drovers & stockmen / Territorians / Top-enders	„Viehtreiber" und „Provinzler" aus dem Nordterritorium.
Queensland (QLD)	banana benders	Aus der Sicht der anderen Aussies beschränkt sich der Tagesablauf der Queensländer lediglich auf das Krummbiegen von Bananen.

Land & Leute

South Australia (SA)	**crow-eaters / gum-suckers**	„Krähenfresser" bzw. „Blattlutscher" aus Südaustralien; die Begriffe stammen aus der Siedlerzeit, als es um die südaustr. Landwirtschaft nicht allzu gut bestellt war.
Tasmania (TAS)	**apple islanders / apple eaters**	„Apfelfresser" - Anspielung auf die zahlreichen Obstplantagen auf der Insel.
Victoria (VIC)	**Mexicans**	„Habenichtse" aus Victoria, das - wie Mexiko - im Süden eines reicheren Landes liegt.
Western Australia (WA)	**sandgropers**	„Sandwühler" - nicht mehr, nicht weniger...

Land & Leute

Spot the Aussie
Finde den Australier

Neben Kanada und den USA ist das **„Lucky Country"** Australien traditionell erklärtes Traumziel vieler Einwanderer aus aller Herren Länder, auch wenn sich die Immigrationsbedingungen in den letzten Jahren drastisch verschärft haben. Die fünf großen Metropolen sind längst zu multikulturellen Schmelztiegeln geworden. Nicht verwunderlich, wenn man bedenkt, dass mittlerweile jeder dritte Australier aus einem nicht-englischsprachigen Land stammt. Normalerweise sind die Aussies für ihre Aufgeschlossenheit und Gastfreundlichkeit bekannt. Aber natürlich gibt es auch einge, die ihre (oftmals unbegründete) Angst vor Überfremdung zum Ausdruck bringen. Auf verbaler Ebene geschieht dies meist durch mehr oder weniger beleidigende Ausdrücke für Ausländer und Fremde im allgemeinen, welche sich im Laufe der großen Einwanderungswellen quasi „miteingebürgert" haben.

Land & Leute

Abos 🖰 **/ black fellas** 🖰	rassistische Ausdrücke für die schwarzen Ureinwohner
boongs 🖰 **/ coons** 🖰 **/ poons** 🖰	allg. Schimpfworte für dunkelhäutige Menschen
chinks 🖰 **/ googs** 🖰	„Schlitzis", „Reisfresser" (Asiaten)
dagos 🖰	unfeiner Begriff für Südeuropäer, meist für Griechen oder Italiener
dings / ities 🖰 **/ spags**	„Itacker", „Spaghettis" (Italiener)
enzedders (NZers) / kiwis	Neuseeländer, die ungeliebten Nachbarn der Aussies und Hauptpersonen vieler zweitklassiger Witze.
across the ditch / up Cook's arse 🖰 */ the Quaky Isles*	*Neuseeland*
Euros	allg. für Europäer
frogs	Franzosen
Huns / Krauts	So werden wir Deutsche tituliert, wobei diese Begriffe („Hunnen und Sauerkrautfresser") ursprünglich Propagandaausdrücke der Briten im ersten WK waren.
Ikey-mos	Juden
Islanders	Bewohner der Pazifikinseln
Japs / Nips	„Japsen" (Japaner - Nippon)
Poms / Pommies	Abk. f. „Prisoner of His/Her Majesty", also für die Sträflinge, die damals nach Australien deportiert wurden; heutzutage ein geläufiges Wort für Engländer bzw. Briten.
bloody Pom 🖰 */ Pommie*	*engl. Dreckskerl, „Inselaffe"*
bastard 🖰 */ whinging Pom*	*Der „ganz normale" Engländer, der sich über alles und jeden beschwert.*
septic tanks 🖰 **/ seppos** 🖰 **/ Yanks**	Amerikaner („septic tank" reimt sich auf yank und bedeutet soviel wie Klärbehälter oder Abfalltonne).
wogs 🖰	Araber

Waltzing Matilda
Sträflinge, Siedler und Strauchdiebe

Beinahe anderthalb Jahrhunderte lang hat das durch kulturelle Identitätsfindung traumatisierte Australien versucht, seine Vergangenheit als Strafkolonie quasi als eine Art „nationales Schandmal" zu verleugnen. Vielen

Australiern war es peinlich, von ihren „verbrecherischen, in Ketten liegenden Vorfahren" – den sog.
Convicts – zu sprechen. Dabei waren die wenigsten der etwa 160.000 Strafgefangenen, die zwischen 1788 und 1868 von England nach Australien deportiert worden waren, „Gesindel", für das man sich schämen musste. Denn die ultrastrenge britische Justiz des ausgehenden 18. Jahrhunderts brachte es mit sich, dass selbst kleine Bagatellvergehen wie der Diebstahl eines Brotes eine Mutter mitsamt ihren Kindern für Jahre ins Gefängnis bringen konnte. Zu dieser Zeit aber waren die Gefängnisse im Königreich bereits hoffnungslos überfüllt und befanden sich noch dazu in erbärmlichem Zustand. Aus Angst vor Unruhen entschloss sich die Regierung daher zur Verschiffung der „kriminellen Elemente" in die neue Kolonie am anderen Ende der Welt. Und so lief im Januar 1788, nach achtmonatiger strapaziöser Fahrt, die **First Fleet**, ein Verbund aus 11 Segelschiffen unter dem Kommando von Captain Arthur Phillip, in den Hafen des heutigen Sydney ein. Die offizielle Landung fand am 26. Januar statt, als Phillip im Namen König Georg III. den „Union Jack" auf australischem

Waltzing Matilda

Boden hisste – dieser Akt wird seitdem jährlich als **Australia Day** gefeiert. Der Aufbau der jungen Kolonie gestaltete sich jedoch äußerst schwierig. Das heiße Klima, nahezu unfruchtbare Böden, Trinkwassermangel sowie die allgemeine Fremdartigkeit des Fünften Kontinents führte in den ersten Jahren zu erheblichen Verlusten unter den bereits von der Überfahrt gebeutelten Sträflingen. Schnell wurde klar, dass die Besiedlung Australiens nicht allein mit Hilfe der Zwangsdeportierten zu verwirklichen war. So wurde in den ersten Jahrzehnten des 19. Jahrhunderts der Weg für die Immigration „unbescholtener" Siedler freigemacht, denen man nach ihrer Ankunft möglichst günstigen, manchmal sogar kostenlosen Grundbesitz in Aussicht stellte. Dies war der Beginn einer von Pioniergeist, aber auch von etlichen Entbehrungen geprägten Epoche, die den Grundstein für die Entstehung der heutigen australischen Nation gelegt hat – vergleichbar mit der Erschließung des „Wilden Westens" in Amerika. Australien erlebte Mitte des 19. Jahrhunderts sogar seinen eigenen Goldrausch, welcher Abenteurer, Glücksritter und Edelsteinsucher aus aller Welt anzog.

Hier nun ein paar Begriffe aus der australischen Pionierzeit:

bolter	entflohener Häftling
to bolt	*verschwinden, flüchten*
digger	Goldsucher; austr. Soldat im I. WK
duffer / poddy dodger	Viehdieb
fossicker	Gold- bzw. Edelsteinsucher
to fossick	nach Edelsteinen suchen
POM / POHM / Pommie	**P**risoner **o**f Her/His **M**ajesty in Exile war die offizielle Bezeichnung eines verurteilten Verbrechers, der nach Australien verbannt wurde. Heute ein abschätziges Wort für Engländer.
selector	Kleinbauer, der Weideland zu vergünstigten Preisen erwerben durfte.

Waltzing Matilda

Ned Kelly & Co.
Strauchdiebe

Als **Bushrangers** bezeichnete man im allgemeinen Wegelagerer und Gesetzlose des 19. Jahrhunderts. Ursprünglich handelte es sich dabei um entflohene Sträflinge, die im australischen Hinterland Zuflucht fanden und sich durch Überfälle und Diebstähle ihr Überleben sicherten. Nachdem das Goldfieber abgeklungen war, waren Spannungen zwischen Kleinbauern (selectors) und reichen Großgrundbesitzern (squatters), die sich oftmals illegal das beste Weideland aneigneten, an der Tagesordnung. Dieser „Klassenkampf" verhalf den Bushrangers zu einem in vielen Balladen und Geschichten festgehaltenen „Robin-Hood-Image", da die Banditen vorzugsweise diejenigen überfielen, die am meisten zu bieten hatten. Mit Unterstützung der ärmeren Landbevölkerung konnten sich viele von ihnen lange Zeit den Fängen der Justiz entziehen. Der wohl berühmteste Strauchdieb Australiens war zweifelsohne **Ned Kelly** (1855-1880), der mit seiner Bande zahlreiche Raubüberfälle unternahm und dabei auch nicht vor Mord zurückschreckte. Trotz verschärfter Polizeipräsenz und eines für damalige Verhältnisse hohen Kopfgeldes, konnten die „Volkshelden" erst nach zwei Jahren gestellt werden. Bei einem Schusswechsel starben die übrigen Bandenmitglieder; Ned Kelly wurde verwundet, vor Gericht gestellt und am 11. November 1880 gehängt. Seine letzten Worte waren: „Such is life!"

to be as game as Ned Kelly
so mutig wie Ned Kelly

"Who's robbin' this coach?"
„Kümmer' dich gefälligst um Deinen eigenen Kram!" soll der Bandit einst zu einem übereifrigen Gast gesagt haben.

Waltzing Matilda

Die heimliche Nationalhymne

Als der Dichter Andrew „Banjo" Paterson im Jahre 1895 den Text zu **„Waltzing Matilda"** schrieb, konnte er nicht ahnen, dass sich dieser Song, dessen Melodie ursprünglich von einem alten schottischen Volkslied stammt, einmal in die Herzen aller Australier „dudeln" würde. Die Geschichte des durch das Outback ziehenden Schafdiebes, der sich lieber sein Leben nimmt, als der Polizei in die Hände zu fallen, wurde lange Zeit als Nationalhymne gehandelt, bis sich die Mehrheit im Rahmen einer Volksabstimmung für »Advance Australia Fair« entschied. Aufgrund seiner Popularität gehört Waltzing Matilda nach wie vor bei vielen offiziellen Anlässen, vor allem bei sportlichen Großereignissen, zum Programm.

Once a jolly swagman camped by a billabong
Under the shade of a coolibah tree
And he sang as watched and waited
`til his billy boiled
You'll come a-waltzing Matilda with me

Refrain: Waltzing Matilda, waltzing Matilda
You'll come a-waltzing Matilda with me
And he sang as he watched and waited
`til his billy boiled
You'll come a-waltzing Matilda with me

Down came a jumbuck to drink at the waterhole
Up jumped the swagman and grabbed him with glee
And he sang as he shoved that jumbuck in his tuckerbag
You'll come a-waltzing Matilda with me...

Well up rode the squatter mounted on his thoroughbred
Down came the troopers one, two, three
Whose that jolly jumbuck you've got in your tuckerbag
You'll come a-waltzing Matilda with me

Up jumped the swagman and he jumped into the billabong
You'll never catch me alive, said he
And his ghost may be heard as you pass by that billabong
You'll come a-waltzing Matilda with me...

Waltzing Matilda

billabong	Tümpel, Wasserloch in einem ausgetrockneten Flußbett
billy	Blechbüchse, in der Tee gekocht wird
coolibah tree	Eukalyptus-Art
jumbuck	Schaf
squatter	Großgrundbesitzer, der sein Land häufig unrechtmäßig erworben hat.
swagman / swaggie / sundowner	Ein Wanderarbeiter, der mit Hab und Gut durch den Busch wanderte.
swag / bluey / Matilda / shiralee	Wolldecke, die der Swaggie sowohl zum Schlafen, als auch zum Verstauen seiner Siebensachen nutzte.
to hump one's bluey	*sein Hab und Gut mit sich führen bzw. auf den Schultern tragen*
trooper / walloper	(berittener) Polizist
tuckerbag	Tasche, in der man Essen verstaut
thoroughbred	Vollblüter (Pferd)
to waltz / to be up on the wallaby	Nicht tanzen, sondern umherziehen und sich Arbeit suchen (stammt vom deutschen „auf der Walz").

Dreamtime
Schwarzer Mann auf rotem Land

Bislang haben Sie
einen kleinen Einblick in die Kultur, Geschichte
und Sprache der vorwiegend weißen Bevölkerung Australiens erhalten.
An dieser Stelle soll nun von den „Original Aussies", den Aborigines, berichtet werden, deren Kultur zu den ältesten der Welt zählt. Man schätzt, dass es vor der Landung der First Fleet und der damit verbundenen weißen Inanspruchnahme Australiens etwa 500.000 bis 1 Mio. Ureinwohner geggeben hat, die in kleinen Stämmen über den ganzen Kontinent verteilt lebten und jeweils eigene Riten, Glaubensvorstellungen und Sprachen entwickelten. Wie bei den Naturvölkern in Amerika, Asien und Afrika führte die europäische Kolonisierungspolitik auch bei den Aborigines zu grundlegenden Veränderungen ihrer Jahrtausende alten Lebensweise. Die Bilanz von über 200 Jahren Massenmord, Vertreibung und Bekehrung zu „weißem" Denken und Handeln ist erschreckend: Heutzutage leben noch etwa 464.000 Aborigines in Australien, von denen schätzungsweise die Hälfte aus Mischehen mit Weißen hervorgehen. Viele Stämme sind bereits seit langem ausgelöscht, und es gibt nur noch sehr wenige, die nach den traditionellen Bräuchen ihrer Ahnen leben. Von den etwa 600 verschiedenen Sprachen und Dialekten, die es ursprünglich gegeben hat, werden nur noch rund 50 gesprochen bzw. an Schulen gelehrt. Glücklicherweise, wenn in vielen Fällen auch etwas zu spät, haben die Weißen in den letzten Jahrzehnten erkannt, dass das kulturelle Erbe der schwarzen Ureinwohner ein bedeutender Teil der gesamtaustralischen

Dreamtime

Geschichte ist, den es zu bewahren gilt. So wurden in den letzten Jahren etliche Landstriche, Berge und „heilige Stätten" an die Aborigines zurückgegeben und erhielten ihren ursprünglichen Namen wieder. Leider fehlt in diesem Buch der Platz für tiefere Einblicke in die Tradition der Ur-Australier, aber dennoch möchte ich hier einige wichtige Begriffe und Stichworte aufführen, die im Laufe der Zeit auch in den alltäglichen Sprachgebrauch Einzug gehalten haben.

billabong	Tümpel, Wasserloch in einem ausgetrockneten Flußbett
Aborigines / Kooris / Murris	Begriffe für schwarze Ureinwohner
Aboriginal	1. Ureinwohner
	2. Adjektiv (Eigenschaftswort), z.B. Aboriginal art; he's Aboriginal
Benji 🌾 **/ Benjamin** 🌾	abwertend für: Aborigine-Ehemann
black tracker	Spurensucher
boomerang	ursprünglich eine Wurfwaffe, mit der Tiere getötet wurden
bone pointing	Todesfluch (magisches Ritual)
bora	Weihritual, bei dem ein Aborigine in den Stamm aufgenommen wird.
bull roarer	Zeremonielles Musikinstrument - ein hohler Stock, der an einem Band im Kreis geschleudert wird. Das heulende Geräusch, das dabei entsteht, wurde für die Stimme des „Großen Geistes" gehalten, der zu seinem Volk spricht bzw. Feinde vertreibt.
to be within the bull's roar	in der Nähe
bunyip / yowie	Fabelwesen, das einen hohen, markerschütternden Schrei von sich geben soll - das „Outback-Nessie".
coolamons	Gefäße aus ausgehöhltem Holz, die zur Beförderung von Nahrung und Wasser verwendet werden.
corroboree	Tanz-Zeremonie, die heutzutage auch von Touristen zu bestaunen ist.

Dreamtime

didgeridoo / didge / magoo	Längliches Musikinstrument, das aus einem von Termiten ausgehöhlten Baumstamm gefertigt wurde.
dilly bag	Beutel, aus Zuckerrohr gerfertigt
dreamtime	Traumzeit - mythologische Lehre von Vergangenheit, Gegenwart und Zukunft der Schöpfung allen Lebens.
fire sticks	Stöcke aus bes. Holz, mit denen Feuer entfacht wurde.
gin ⚈ / creamy ⚈	abwertend für: Aborigene-Frauen; kann auch „Halbblut" bedeuten
message stick	Bemaltes Stück Holz, das bei Wanderungen durch das Outback mit sich geführt wurde und feindlichen Sippen als Zeichen guter Gesinnung diente.
min min	seltsame Nachtlichter im Outback
nulla nulla	Keule oder Schlagwaffe, die aus schwerem Holz gefertigt wurde.
ochre	ockerfarbene Körperbemalung
picaninny	Aborigine-Baby, Neugeborenes

walkabout
„Traumpfadwandern" - eine Art Pilgergang zu den heiligen Stätten der Vorfahren, der für die spirituelle Selbstfindung eines Aborigines von großer Wichtigkeit ist.
to go for a walkabout
auf eine lange Reise gehen

wonk ⚈ / yabba ⚈
abwertende Aborigine-Begriffe für: Weiße bzw. „Hellhäuter"

woomera
Utensil, mit dessen Hilfe ein Speer 3x weiter geworfen werden kann.

Typisch australisch
Fair dinkum - She'll be apples

In diesem Kapitel dreht sich alles um den australischen Alltag – typische Situationen, Gemütszustände, usw. – und wie die Aussies umgangssprachlich damit umgehen. Logischerweise findet sich in diesem Bereich des alltäglichen Lebens auch der meiste Slang.

G'day!
Die Begrüßung

The great Australian salute Der berühmte Aussie-Gruß ist nichts weiter als eine schwirrende Handbewegung, um sich die Fliegen aus dem Gesicht zu fegen.

"Coo-ee!" Ein Ruf, der von den Aborigines übernommen wurde. Ursprünglich diente er dazu, sich im Busch über weite Strecken zu erkennen zu geben. (mit lauter u. hoher Stimme)

to be within coo-ee *in der Nähe, in Rufweite*

Typisch australisch

"G'day!"
  Klingt gesprochen wie „gidday" und heißt soviel wie „Hallo!" oder „Guten Tag!" - gebräuchlichste Begrüßung auf dem Fünften Kontinent

Einige Varianten:

"G'day luv!" „Guten Tag, schöne Frau!"
"G'day mate!" „Hallo Kumpel!"
"G'day ya old bastard!" Hört sich an wie eine Beleidigung, bedeutet aber in Wirklichkeit genau das Gegenteil: „Hallo, altes Haus!"

"Hi!" / "Hello!" / „Hiya!" „Hi!", „Hallo!"
„Oy!" Busch-Ruf

Oftmals wird direkt im Anschluss an die Begrüßung nach dem Befinden des Gesprächspartners gefragt, was sich in vielen Fällen aber eher als eine Höflichkeitsfloskel herausstellt, denn echtes Interesse an der Gemütslage einer Person vermuten lässt. Machen Sie sich über dieses Ritual jedoch keine tiefgehenderen Gedanken, sondern „kontern" einfach mit **"I'm fine, thanks!"** und geben die Frage an Ihr Gegenüber zurück.

"Been keeping out of trouble?" „Hoffe, Du bist anständig geblieben?"

"How's it going?" / "How's it hanging?" / "Ow-ya-goin'?" „Wie geht's?"
"How's bizzo?" / "How's life?" „Wie ist das Leben?", „Wie schaut's?"
"How's it going, China?" „Wie geht's dir, mein Freund?"
"How are the bots biting?" „Wie geht's - wie steht's?

"How are you?" Persönliche Art, jem. zu fragen, wie es einem geht.

"Haven't seen you in donkey's years." „Mensch, ich hab' dich ja ewig nicht mehr gesehen."

"Went for a shit and a sniper got ya." „Wo hast du denn nur all die Jahre gesteckt?"

Typisch australisch

Und tschüss

"Bye-bye!" / "Bye!" / "Cheerio!" „Tschüss!"
"Hooroo!" / "Tally-ho!" / "Ta."
"I'll catch up later with you." / „Bis später!" (oder auch nicht)
"See ya (later)!" / "Cop you later!" /
"See you in the soup!"
"Let's hit the road Jack!" / „Lass uns aufbrechen!" / „Auf geht's!"
"Let's hit the toes!"
"Have a good one!" „Ich wünsch' dir was."
"Round like a rissole!" „Ich kratz' dann mal die Kurve!"
to bail (out) / to be off / to choof off   abhauen (meist schnell)
to be off like a bucket of prawns in the hot sun /
to be off like a bride's nightie / to be off like a frog in a sock

to blow through / to bolt /	durchbrennen; sich schnell
to shoot through	verdrücken
to do a nicky whoop	aufbrechen, die Sause machen,
to make tracks	die Kurve kratzen

Typisch australisch

Small talk

"Ay?" / "What's that?" — „Häh?", „Wie bitte?"
backchat — Widerworte

to bag s.o. / to bucket s.o. / to knock s.o. / to rubbish s.o. — jem. kritisieren, heruntermachen, zutexten
knocker — *Miesmacher*

to bail s.o. up — jem. aufhalten (auch ausrauben)
"Sorry I'm late, but Mrs. Finch bailed me up."

"Beg yours!" — Kurz für "I beg your pardon!", also die Bitte Ihres Gegenübers, das Letztgesagte noch einmal zu wiederholen."

Typisch australisch

"Been keeping out of trouble?"	„Hoffe, Du bist anständig geblieben!"
to beat around the bush /	um den heißen Brei reden, nicht auf
to piss-fart around	den Punkt kommen
to be on the blower	am Telefon, telefonieren
dog and bone	Telefon (reimt sich auf phone)
to give s.o. a bell / a buzz / a ring	jem. anrufen
to bitch about s.o. / to poke mullock on s.o. / to white-ant s.o.	jem. schlechtmachen; lästern
bizzo	eigentlich Geschäft (business), aber auch das Leben allgemein
"How's bizzo?"	*„Und - wie stehen die Dinge?"*
to be bloody-minded	störrisch, engstirnig
bum's rush / nut ducker	Jem., der einen auf der Straße übersieht oder es (angeblich) eilig hat.
bush telegraph	„Buschtrommeln" (Klatsch, Tratsch)
"I heard it on the bush telegraph."	*„Mir ist zu Ohren gekommen..."*
"I call a spade a spade!"	„Ich sag's, wie es ist!"
"Can it!" / "Cut that out!"	„Schluß - hör auf damit!"
"Cheers!" / "Ta!"	„Danke!"
chinwag / convo / mag / yabber / yarn	Schwätzchen, Plausch (Gespräch)
to chew the fat	*sich gut miteinander unterhalten*
to jibber / to yabber / to yap	*schwätzen, plauschen*
to spin a yarn	*recht unglaubwürdige Geschichten erzählen (Seemannsgarn)*
"Well, here's the deal..."	„Also, pass auf. Jetzt erzähl' ich Dir die Einzelheiten."
"It's a done deal."	„Geschafft!", „Erledigt!"
to dob s.o. in / to lag	jem. verpfeifen oder anschwärzen
dobber / tip-off	*Verräter, Kumpelschwein*
"Drover's dog!"	„Es ist sinn- und zwecklos!"

Typisch australisch

ear-basher / gasbag / waxbag / wax borer / windbag	Labertasche, Tratschtante, Schwätzer
to earbash / to talk s.o. blind / to talk the leg off an iron pot / to waffle on / to crap on	*tratschen, bis die Balken sich biegen*
"Fair enough!" / "Anyhow, mate!"	"Nun gut!", "Also!", "Ok!" - Eine Floskel, die meist benutzt wird, um das Gesprächsthema zu wechseln.
to feel like...	Lust haben auf...
"I feel like going for a swim."	
to fire away	"losschießen" (anfangen zu reden)
like a fish on a hook	sicher, etw. in der Tasche haben
flat chat / flat out	kurz angebunden, es eilig haben
"Fucknose!"	"Wer weiß das schon?!" (= who the fuck knows)
to get s.o. to come across	jem. von seiner Meinung überzeugen
"It's a goer!"	"Es wird klappen, was auch kommt."
to go under s.o.'s neck	jem. in den Rücken fallen
"Goodo!" / "Righto!"	"Alles klar!", "Einverstanden!"
"It doesn't hang right!"	"Das ist bestimmt falsch!" (Seufzen)
"Have a guess!" / "Guess who..."	"Rate mal..."
to have the guts to do s.th.	Mut haben, sich etw. zutrauen
"What's the guts?" / "...the story?"	*"Was ist los?", "Worum geht es?"*
heaps	viel, eine Menge, ein Haufen
"Thanks heaps!"	*"Danke vielmals!"*
to be a hell of...	dufte, klasse, toll, wahnsinnig
"Andy is a hell of a nice bloke!"	*"Andy ist ein verdammt netter Kerl!"*
to hit the nail on the hat	den Nagel auf den Kopf treffen
"Howzat?"	"Und, wie gefällt dir das?"
"I'm Jack of that!"	"Ich habe die Schnauze voll davon!"
to know one's way around the traps	sich auskennen, zurechtkommen
to be lark / witty	klug, gewitzt
wits	*Verstand*
"Orright!" / "Bang on!"	"Alles klar!", "Einverstanden!"
to lead s.o. up the garden path	jem. täuschen
to pencil s.th. down	etw. aufschreiben, notieren
to pester s.o.	jem. "zutexten", aufdringlich
"Phew!"	"Puh!" (Erleichterung)

Typisch australisch

"That's a piece of cake." / "That's a piece of piss."	„Das ist ja kinderleicht."
"It pivots on..."	„Es hängt davon ab..."
to play possum	sich unwissend stellen
to pop in	vorbeischauen, besuchen
"Pop in whenever you like."	
"It's like pork chop in a Jewish synagoge."	„Ich weiß nicht so recht." (unwohl)
to reckon	glauben, denken, meinen
"What do ya reckon, mate?"	*„Was hältst Du davon?"*
"Reckon!"	*„Das glaube ich dir auf's Wort!"*
"Scusi!"	Kurz für: "Excuse me!" - aus dem Ital. übernommen
"It's not set in concrete yet."	„Es steht noch nicht fest."
"I don't give a shit!" / "I don't give a stuff." / "Couldn't give a rat's arse!"	„Das ist mir (scheiß)egal!", „Kümmert mich nicht die Bohne!"
sort of	irgendwie, ähnlich, eine Art von...
to square off	sich entschuldigen, etw. gutmachen
to stew for s.o.	jem. helfen, sich kümmern
stickybeak	neugieriger Mensch
"Ya tellin' me!"	„Das sag ich dir." (Zustimmung)
to tickle one's fancy	seine Fantasie anregen
thingo / thingy	„Dingsda" (wie heißt es doch gleich)
tingle	Telefongespräch
"You're right!" / "You're welcome!"	„Gern geschehen!"
"You're not wrong!"	„Du bist in Ordnung!" (prima Kerl)
"What's your game?" / "What are you up to?"	„Was liegt an?", „Was machst du heute noch?"
"What's the tides?"	„Was gibt's Neues?"

Typisch australisch

More arse than class
angeben

Das Prinzip der Gleichheit wird in Australien groß geschrieben. Sobald man aber versucht, von der Norm abzuweichen und sich wichtiger zu machen, als man tatsächlich ist, läuft man Gefahr, einen der folgenden Begriffe an den Kopf geknallt zu bekommen:

to be all piss and wind / **to be all fart and no shit**	protzig, angeberisch, eine große Klappe haben (aber nichts dahinter)
"You're a big note yourself, ay?"	"Du hältst dich wohl für `ne ganz große Nummer, Kumpel?"
"Up yourself!"	„Steck's dir sonstwo hin!"
brown-nose / crawler / **sucker**	Arschkriecher
to piss in s.o.'s pocket / *to suck up to s.o. / to crawl*	*sich einschleimen*
to boast	sich brüsten, angeben
Bower bird	Prahlhans, der versucht, Freundschaft mit Geld zu kaufen oder mit seinem Reichtum zu beindrucken.
to crack wise	klugscheißen, vorwitzig sein
Lady Muck	sich wie eine Königin aufführen, aber in einem Reihenhaus wohnen
"More arse than class."	„Mehr Arsch als Adel."
lair / mug lair / poser / skite	Angeber, Prahlhans, Knilch
smart arse / flash bastard / **figjam** (Fuck I'm good, just ask me!)	Klugscheißer
"He's got tickets on himself!" / **"He's in love with himself!"**	„Er ist eingebildet."
to be well-heeled	reich, aber total versnobt
wanker	Jem., der absolut von sich und seiner Meinung überzeugt ist - ein Idiot.

Typisch australisch

The rumb delatives
Die Buckligen

auntie	Tante, Tantchen
ankle biter / bundle of joy / nipper / rug rat / sook / snork / sprog	„Knöchelbeißer" (Baby, Kleinkind)
blood and blister	Schwester
ball and chain / handbrake / missus / trouble and strife	Ehefrau (oder auch Freundin)
the old bag	die „Alte" (Frau, Schwiegermutter)
the better half	die „bessere Hälfte"
fam	kurz für family - Familie
fleabag	der Familienhund („Flohteppich")

Typisch australisch

fossils / crumblies / gerries	die Alten und Senilen (unfein!)
grandma / granny / nan / nanny	Oma
grandpa / granpop	Opa
hubby	Abk. für husband - Ehemann
kiddies / kids / littlies / youngies	die „Kleinen" (Kinder)
mob / school	eine Gruppe von Leuten (Haufen)
old battle-axe / war department	Schwiegermutter
the old lady / old cheese	Mutter
the old man	der alte Herr (Vater)
the olds / oldies	grundsätzlich jeder, der älter ist
rellies / rumb delatives	die „bucklige" Verwandtschaft

37 degrees in the waterbag
Wetter

37 degrees in the waterbag
Typisch australische Untertreibung: Es ist min. 50° heiß - im Schatten...

bastard of a day / cow of a day
Scheißtag (schlechtes Wetter)

cockatoo weather
tagsüber fein, abends Regen

cyclone
tropischer Wirbelsturm

Darling shower / willy-willy
Sandsturm im Outback

the dry
Trockenzeit in Nordaustralien

to be dry as...
a sunstroke bone (drizabone)
a dead dingo's donger
heißer geht's nimmer

Typisch australisch

fire ban	Offenes Feuer verboten!
to fry / to sunbake	sich sonnen („braten lassen")
met fairy	„Wetterfee" (TV-Ansager/in)
moon tan	„mondgebräunt" (blasse Person)
nippy / snifty	regnerisch
to piss down	pissen, niederprasseln
"It's raining cats and dogs!"	„Es schüttet wie aus Eimern."
red steer / bush fire	Buschfeuer
scorcher / stinker	sehr heißer Tag
stiffy / stuffy	schwül
stormstick	Regenschirm
stroke	Sonnenstich
to go troppo	fantasieren, durchdrehen
the wet	Regenzeit in Nordaustralien

to be puffed — erschöpft

to be bushed / buggered / nackered / rooted / shagged / zonked	erledigt, erschossen, außer Puste
to be flaked out	„hin" sein (gewöhnlich nach einer feuchtfröhlichen Party)
to be jaked / jigged	kaputt, zerbrochen (wörtlich)
"That bowl is jaked."	*„Diese Schüssel ist im Eimer."*
"I am puffed."	„Ich bin total erledigt."

Catching some Zzzz — schlafen

to be away with the pixies	tagträumen (pixies = Feen)
to catch some Zeds (Zzzzz)	sich aufs Ohr hauen
to crash	sich hinhauen
to hit the hay / to hit the sack	sich „aufs Heu" legen, sich betten
kip / nap	Mittagsschlaf, Nickerchen
sleep-out	Schlafgelegenheit auf einer Veranda oder im Gartenhäuschen

Typisch australisch

Feeling crook
krank

billy-oh	Kunstwort für: groß, stark, heftig
"My pains played up like billy-oh."	*"Bin heute nacht vor Schmerzen fast vor die Hunde gegangen."*
Colliwobbles	Bauchschmerzen, Übelkeit
"Could kick the arse off an emu." / to be fit as a Mallee bull / to be in a good nick / in full feather	kerngesund
to feel crook	sich krank oder unwohl fühlen
to be crooked in the guts / to be under the weather	*speiübel*
to be crook as Rookwood	*dem Tode nahe sein (Rookwood ist ein Friedhof in Sydney)*
gammy / gympy	entzündet, schmerzhaft
"I've got a gammy leg."	*"Mein Bein tut mir weh."*
grapes	Hämmorhoiden
Joe Dancer	Krebs (reimt sich auf Cancer)
wog / flu	Grippe, Erkältung

Cactus!
tot

"Stephen's cactus."	„Stephen ist hinnüber."
to cark it	abkratzen
to be dead as mutton	mausetot
to drop off the perch	den Löffel abgeben
to have had it / to pass away	sterben, das Zeitliche segnen
"He has had it."	*"Er hatte ein erfülltes Leben."; bei Gegenständen: "Es hat sein Soll erfüllt." (z.B. Auto)*
to kick the bucket / to kick off	ins Gras beißen

Typisch australisch

Not the full quid
dumm

Alf heißt er Down Under, Horst bei uns

Blind Freddy „Hein Blöd" - dümmer geht's nimmer!
*"Even Blind Freddy would tell you
that you won't make it far in the bush without water."*

Wie im Deutschen gibt es auch Down Under viele Begriffe für **„Idioten"**.
Um Ärger zu vermeiden, sollte man sich aber die meisten verkneifen.

> boofhead / bozo / dag / dill / dingbat / dipstick / dork / drongo /
> dumb nut / egg-head / fruit-cake / fruit-loop / gumby / mullet /
> ning-nong / prune

Typisch australisch

"Don't come the raw prawn with me!" / "Come off the grass!" "What is this? Bush week?"	„Für wie blöd hältst du mich?"
galah	Spinner - der gleichnamige Vogel ist sehr unbeliebt, da er Krach macht und im Winter als einziger Tropenvogel (!) in wärmere Gefilde fliegt.
"He hasn't got enough brain to give himself a headache."	„Er ist einfach zu dumm."
to have a srew loose / to have some kangas loose in the top paddock	eine Schraube locker haben
to be lame-brained	etwas schwer von Begriff
to be not the full quid	nicht ganz dicht sein
to be short of a shingle	einen Dachschaden haben
to be sonky	naiv, kurzsichtig, einfältig
TO BE AS SILLY AS... / TO BE AS USEFUL AS	dämlich, hirnrissig, blöd, dumm

a couple of tinnies short of a slab / a redback under the dunny seat / a snag short of a barbie / a square wheel / a telly on a motor-bike tits on a bull / to be bright as a 2-watt bulb

Hot cack! Humor

as funny as a kick in the acre	also nicht so lustig
to Bogart s.th.	etw. übertreiben, in die Länge ziehen
cack	Witz, Spaß
"Hot cack, mate!"	*„Spitzenwitz, Alter!"*
to crack up laughing	in schallendes Gelächter ausbrechen
to hack s.o. / to muck around	jem. auf den Geist gehen
to make a Mickey out of s.th. / to take the piss out of s.th. / to shit-take s.th.	etw. veralbern, durch den Kakao ziehen
"Sucked in!"	„Ätsch!", „Reingefallen!"

"THE BEST FUN YOU CAN HAVE WITH YOUR PANTS ON!"

Typisch australisch

Smoke gets in your eyes
rauchen

bong	Hasch-Pfeife
cancer stick / coffin nail /	Sargnagel
durry / butt / fag / smoke	Kippe, Fluppe, Glimmstengel
chain-smoker / chimney / hoover	Kettenraucher
ciga-weed / spliff	Joint
hooch / Mary Jane / mull	Marihuana
racehorse / rollie	selbstgedrehte Zigarette
shag / baccie	Tabak (Kraut)
weed	Gras

Fight for your right to
P-A-R-T-Y

to have a ball / to have a blast	viel Spaß haben (tolle Zeit)
to be full of beans	hyperaktiv, vor Energie strotzen
to paint the town red	die Stadt auf den Kopf stellen
party-pooper / piker / nark / wowser	Spielverderber, Langweiler
to pike out	schlappmachen, früh gehen
rage	moderner Ausdruck für „Party"
to rage on	*weiterfeiern bis zum Morgengrauen*
schoolies' week	Schulabschluß-Parties (Gold Coast)
shivoo / rort / swill-on / wing-ding	lautstarkes Sit-In, Tumult, Besäufnis
top night	eine Nacht, in der alles stimmt

See ya in a divvy!
Zeit

any tick of the clock	sehr bald, in aller Kürze
arvo	afternoon = Nachmittag
as long as a month of Sundays	wochenlang
Chrissie / X-Mas	Weihnachten („Ho, ho, bloody ho!")
„See ya in a divvy!" / „... in a jiffy!"	„Bis gleich!"
evo	evening = Abend
„Hang on a sec!"	„Warte mal 'nen Augenblick!"

Typisch australisch

in a sec / in a tick	gleich
muck-up day	letzter Schultag
Silly Season	Sommerferien
sparrow's fart	Morgengrauen, in aller Frühe
to tee s.th. up	etw. ausmachen, sich verabreden
till the cows come home	den ganzen Tag lang

Another shiddy day in paradise! Faulenzen & Langweile

"Another shiddy day in paradise."	„Man hat's nicht leicht!" (ironisch)
to be bored beyond belief / to be bored shitless	sich schrecklich langweilen
to do bugger all / to guff off	nichts tun
"I couldn't be bothered!"	„Ich kann mich nicht mehr aufraffen."
to have a bludge	sich einen Lenz machen
to cop everything sweet	alles gelassen nehmen
couch potatoe	„Sofa-Kartoffel"
to hang out with one's mates	mit seinen Freunden „abhängen"
to have a Bex	sich ausruhen, den Tag ausklingen lassen; eine Tasse Kaffee trinken
to have a cushie	einen „ruhigen" Tag haben
to kill some time	Zeit totschlagen
to be laid back / easy going	relaxed, cool, locker
to loaf / to play sillybuggers	faulenzen
idiot-box / telly	Glotze
to veg out	abhängen wie Gemüse

The Aussie battler Tiefschläge

bad trot	Pechsträhne
"Balls up!" / "Cock up!"	"Was für ein Dilemma!" (Sagt man, wenn alles schief geht.)
battler	Jem., der hart und ehrlich arbeitet, aber trotzdem nie Glück hat.

Typisch australisch

VON DER FRAU VERLASSEN WORDEN, AUTO GEKLAUT, HAUS VOM VERMIETER VERKAUFT WORDEN, DEN JOB GEKÜNDIGT BEKOMMEN..... HEY, MATE... I'M SHIDDY

a bit rough / a bit strong   hart, ungerecht
"Well, I can understand him pissing off with your missus, but taking the dog as well, now that's a bit strong."

to blow s.th. / to bomb out /   etw. vermasseln, versagen
to bugger s.th. up / to cruel s.th. /
to goof s.th. up / to screw s.th.

a broken pack of bikkies   Jem., dem es äußerlich gutzugehen scheint, innerlich aber genau das Gegenteil der Fall ist.

Typisch australisch

Buckley's chance / Buckley's / to have a snowball's chance in hell	Ohne jede Chance!
bummer	Ärgernis, Fehlschlag, Mißerfolg
"What a bummer!"	*„Was für ein Pech!"*
to drop one's bundle / to throw the towel	resignieren, das Handtuch werfen
to go bung	zugrundegehen
"Can't take a trick."	„Der bekommt nichts in den Griff."
to cop out / to give it away	aufgeben
to crack the hardy	den steinigen Weg gehen
"There's always someone who puts a mountain in your path."	„Irgendwer legt dir immer einen Stein in den Weg."
"Things are crook in Musselbrook."	„Schlechte Zeiten!"
to give s.o. a bit of curry	einem das Leben schwer machen
to be down the drain / the gurgler	alles geht den Bach runter
to flog a dead cat	die Vergangenheit nicht ruhen lassen
gutzer	Patzer, Niederlage, Fehler
to come a gutzer	*auf die Schnauze fliegen, einen schweren Fehler begehen*
"Get a grip!" / "Get real!" / "Pull your socks up!"	„Komm zur Besinnung!", „Fass dich!"
happy as a bastard on Father's Day	zu Tode betrübt
hard case / no-hoper	hoffnungsloser Fall
to be hopeless	unverbesserlich
to get the joes	melancholisch werden, nachtrauern
knock-back	Rückschlag, Absage
to lie doggo	den Schwanz einziehen, kneifen
to feel lousy / shiddy / like ratshit	mies, beschissen
to put a moxie on s.th. / to put the mockers on s.th.	etw. verwünschen, Unglück bringen
squib / damp squib	Weichei, Pantoffelheld
to be thingie / touchy	empfindlich, verletzbar
to be in the soup / to be up (shit) creek without a paddle	bis zum Hals in Schwierigkeiten stecken
Wally	Synonym für den ewigen Verlierer

> **"IF IT WAS RAINING PALACES,
> I'D STILL GET HIT BY THE DUNNY DOOR!"**

Typisch australisch

Being tin-arsed... glücklich

bundle of joy	ein Baby (übertragen: Wunschkind)
good trot	Glückssträhne
"Half your luck!"	„Mensch, hast du ein Schwein!"
to be happy as Larry	so glücklich wie man nur sein kann
lucky bastard / tin-arse	Glückspilz
to be tin-arsed	*vom Glück bedacht sein*
to be rapt / arse over tit	überglücklich, verliebt
to score a motza	einen Batzen Geld gewinnen

Ripper! Großartig!

ace / awesome / beaut / beauty / boomer / bonzer / brilliant / goodo / grouse / neato / pearler / ripper / ripsnorter / sweet / unreal	super, spitze, genial, großartig, ...
„Ya little ripper!" / „Ripper-Rita!"	„Allererste Sahne!"
"Bob's ya uncle!" / "All's Jake!"	„Alles in bester Ordnung!"
"Bottler!"	„Phänomenal!"
"Ya blood's worth bottling!"	*„Du bist ein Schatz! Wie kann ich das je wieder gutmachen?"*
"Cool bananas!" / "Duck's nuts!"	„Alles paletti!"
"Crash hot!" / "Shit hot!"	„Oberaffengeil!"
"Good shit!"	
"Fan-bloody-tastic!"	„Ausgezeichnet!"
"Good as gold!"	„Du bist unersetzlich!"
"Good on ya, mate!" / "Good call!"	„Das hast du prima gemacht."
"Hooly-dooly!" / "Whacko!"	„Yippee yeah!"
"No worries!" / "No sweat!"	„Alles klar!", „Kein Problem!"
"No wucking forries!"	
"Mose hair on ya chest!"	Anerkennung unter Männern: „Mann, das war klasse! Weiter so!"
"She'll be apples!" / "... be right!"	„Wird schon schiefgehen!"

Typisch australisch

Stone the crows!
Ausdrücke des Erstaunens

"Abso-bloody-lutely!" /   „Ganz bestimmt - absolut!"
"Too bloody right!"

"Blimey!" / "Blimey Charley!" /   Wow!", „Unglaublich!" (überrascht)
"Crikey!" / "Cripes!" / "G'darn!" /
"Jeeze!" / "By Jingos!"

"Bloody oath!"   „Ich schwör's, so wahr ich..."

"Bugger me dead!" / "Starve the   „Ja, ist das denn zu glauben!"
lizards!" / "Stone the crows!" /   (Überraschung oder Entsetzen)
"Stone me Rhone" / "Strike me pink!"

"I'll be buggered and burned!"   „Hol' mich der Teufel!"
"Strewth!"   „Verflixt noch mal!"

Typisch australisch

Rafferty's rules! Durcheinander

to be a bit of a brothel	Durcheinander
"Doesn't know if it's Pitt Street or Christmas."	nicht mehr wissen, wo vorne und hinten ist
dog's breakfast / willy-nilly	Unordnung
farnakel / karfuffle	Schlamassel
"You give me the irrits!"	„Du bringst mich aus dem Konzept."
Rafferty's rules	ein heilloses Durcheinander, außer Kontrolle geraten, Anarchie
to look like a stunned mullet	verduzt, unbeholfen
to be up the gumtree / to get bushed	sich verirrt bzw. verfahren haben
"Who-ha!"	„Oje, da haben wir den Salat!"
"Who's robbing this coach?"	Ein Spruch aus der Zeit, als Ned Kelly noch die Straßen unsicher machte: „Wer überfällt hier die Kutsche? Du oder ich?", soll der Bandit einem übereifrigen Fahrgast zugerufen haben. Im heutigen Sprachgebrauch: „Kümmer dich gefälligst um deinen eigenen Kram!"

True blue or cock and bull (Un-)Wahrheit

to be about right	ohne Zweifel, absolut richtig
to baffle s.o. / to waffle s.o.	jem. zutexten (anlügen)
to baffle s.o. with bullshit	*jem. einen Bären aufbinden*
bulldust / bullfuck ⚠ / bullshit ⚠ / bull story / cock and bull	Unsinn, Mist, Quatsch, Scheiße
bullshit artist ⚠ / bullshitter ⚠	Geschichtenerzähler, Lügner
character	ein „Original", Unikat (Person)
clanger / furphy / piffle / yarn	abenteuerliche Geschichte
Clayton's	Fälschung, Nachmacher, Imitat
cleanskin	„Ehrliche Haut" (eigentlich ein Rind, das noch kein Brandzeichen hat).

Typisch australisch

crap / codswallop / bee's wax	Müll, Schwachsinn
"Stop that crap!" / "Turn it up!"	„Hör auf, mir so einen Unsinn aufzutischen."
dead cert / deadset	todsicher, bestimmt, zweifelsohne
dinkum / dinky-die / ridgie-didgie	wahr, echt, original (australisch)
"Vegemite is dinkum Aussie tucker!"	
dinkum oil / good oil / drum	Wahrheit (auch Hinweis)
"I'll give ya the drum."	„Um die Wahrheit zu sagen..."
to be wrong-drummed	falsch informiert
fib / gyp	Lüge, Schwindel
fibber	Schwindler
to get the drift / to twig onto s.th.	etw. verstehen, kapieren
"I'm getting the drift."	„Ich hab' den Dreh raus."
to give s.o. a heavy dose / ... load	jem. einen Haufen Mist erzählen
to lead s.o. up the garden path	jem. hinters Licht führen (täuschen)
to be straight up	aufrichtig, ehrlich
"Too right!"	„Du hast ja so recht!"
true blue	echt, original (australisch)
"He's a true blue Aussie!"	

Misc. Verschiedenes

to be barro	peinlich (embarrassing)
to give s.th. a bash / burl / go / whirl	etw. ausprobieren, versuchen
"Have a go!"	„Probier's einfach!"
Joe Blow / Joe Bloggs	Herr „Otto Normal"
Buggaluggs	häufiger Spitzname
to bung	Ein universell einsetzbares Verb wie „to put", also setzen, stellen, legen, machen, usw.

Typisch australisch

to be chock-a-block / chockers	überfüllt, proppenvoll
to chuck s.th.	etw. werfen
"Could you chuck that ball please?"	
to be clucky	bemutternd (wie eine „Glucke")
"It gives me the creeps!"	„Es ist mir unheimlich."
to be cruddy	schlecht, billig (Qualität)
to have a dekko / a Captain Cook /	sich etw. anschauen, sich mit
gander / shuftie / to give it a	etwas vertraut machen
butcher's / to take a bo-peep /	
to take a squiz	
to be dodgy / dicky / iffy / shonky	unsicher, riskant, nicht geheuer
"That's a dodgy deal."	„Scheint mir ein riskantes Geschäft zu sein."
drip	Langweiler ohne Ausstrahlung
to be as noisy as a dunny door in a thunderstorm	laut, nervig

---

FAIRNESS IS THE KEY!

Der stark ausgeprägte Gerechtigkeitssinn vieler Australier ist wohl ein Überbleibsel aus der Sträflingszeit, in der sich die meisten dem gleichen harten Schicksal fügen mußten und unfaires Verhalten untereinander Folgen für die ganze Gemeinschaft haben konnte (z.B. Kollektivstrafen).

to give s.o. a fair go / to give s.o. a fair suck of the sav /	jem. eine Chance geben, gerecht gerecht behandeln
to give s.o. a fair suck of the slips cordon	
"Fair crack of the whip!" / *"Fair go, mate!"*	„Findest Du es nicht ein wenig ungerecht, mit einem Messer gegen ihn zu kämpfen? Bleib' fair, Kumpel!"

Typisch australisch

"First cab off the Rank!"	„Wer zuerst kommt, mahlt zu erst."
to give s.th. the flick	etw. loswerden
to go to the flicks / ...the movies	ins Kino gehen
to fossick s.th.	etw. suchen
from arsehole to breakfast	überall
to be grotty	schmutzig, versifft
grot	*Schmutzfink, Penner*
"Head down, arse up!"	„Augen zu und durch!"
to hog	besitzergreifend, gierig
"You're such a hog."	
"I'll sort it (out)."	„Ich kümmer' mich darum."
Jack-in-the-box	Stehaufmännchen, Zappelphillip
to be keen as mustard	beigeistert, motiviert, fit
"Keep your shirt on!"	„Immer locker bleiben."
kit	Zeugs, Siebensachen, Werkzeug
to lob in	hereinschneien (unerw. Besuch)
to be ocker	Ein Wort mit vielen Bedeutungen: Chauvinistisch, naiv, beschränkt, rüpelhaft - „typisch männlich" eben.
to be on the nose / to smell ripe	streng riechen, stinken
O.S.	= Overseas; im Ausland
to be Pat Malone	einsam und allein (alone)
to get pinched / to get sprung	auf frischer Tat erwischt werden
"Put up or shut up!"	„Mach's besser oder halt's Maul!"
rag	Zeitung
ratbag	Querkopf, Spinner, Dickschädel
to suss s.th. / s.o. out	etw. bzw. jem. im Auge behalten
suss / sussie / susso	suspekte Person; nicht geheuer
"That'll do!"	„Das genügt!"
to be toey	hibbelig, nervös, aber auch geil
tub	Wasserhahn, Dusche oder Bad
to go twenty to the dozen	schnell, übereifrig, eilig
to wag s.th.	sich vor etw. drücken, schwänzen
whinger / grizzle / grumble-bum / howly-bag	Nörgler, Meckerfritze
to whinge	nörgeln, meckern
to be wonky	wackelig, ungewiss

Abkürzungen
Just say it a bit shorter!

Wie schon zu Anfang erwähnt, ist der häufige Gebrauch von Abkürzungen ein tragendes Element in der australischen Umgangssprache. Wann immer es geht, werden Wörter einfach „einen Kopf kürzer gemacht" und bekommen dann die Endungen **-a**, **-ie**, **-y** oder **-o** angehängt. So wird aus einem **barbeque** kurzerhand ein **barbie** oder aus dem **garbage man** ein **garbo**. Aber auch Wörter, die man eigentlich nicht abkürzen kann, werden häufig verunstaltet und künstlich verlängert, z.B. **kid - kiddie**.

Für einen Neuling mag dies anfangs etwas verwirrend sein, aber man gewöhnt sich erstaunlicherweise relativ schnell an diese „Sprachmarotte", zumal man den Ursprung der meisten Wörter leicht erkennt. Zur Orientierung sind auf den nun folgenden Seiten die gebräuchlichsten Abkürzungen und Verunstaltungen aufgeführt.

-A

acca	academic	Akademiker/in, akademisch
coupla	a couple of	ein paar, einige
cuppa	a cup of tea/coffee	eine Tasse Tee/Kaffee
doncha	don't you	nicht, tun
ekka	exhibition	Ausstellung
fella	fellow	Kerl, Typ
gonna	going to	werden, tun
wanna	want to	wollen

-IE

auntie	aunt	Tante
Aussie	Australia/n	Australier/in, australisch
barbie	barbeque	Grillparty
bikie	motorbike rider	Motoradfahrer
bikkie	biscuit	Keks
bities	biting insects	Insekten
blowies	blowflies	Schmeißfliegen
brekkie	breakfast	Frühstück
Brissie	Brisbane	Brisbane

Abkürzungen

bushie	bush dweller	Buschbewohner
chalkie	teacher	Pauker (Lehrer)
chewie	chewing gum	Kaugummi
chippie	carpenter	Handwerker
chockie	chocolate (bar)	Schokolade, Schokoriegel
Chrissie	Christmas	Weihnachten

CHALKIE AT WORK

ciggie	cigarette	Zigarette
cockie (1)	cockroach	Kakerlake
cockie (2)	cockatoo	1. Papagei, 2. „Spitzel"
coldie	cold beer	kaltes Bier
commie	communist	Kommunist
cossie	swimming costume	Badeanzug
druggie	drug addict	Junkie

Abkürzungen

exie	expensive	teuer
freebie	s.th. for free	Gratisprobe
Frenchie	French letter	Pariser (Kondom)
freshie	freshw. crocodile	Süßwasserkrokodil
gladdie	glad person	Frohnatur
goodies	the good ones	die Guten
greenie	environmentalist	„Öko"
hollies	holidays	Ferien
ivories	teeth	Zähne
kiddies	kids	Kinder
kindie	kindergarden	Kindergarten
lippie	lipstick	Lippenstift
littlies	the little ones	die Kleinen
maggie	magpie	Elster
mozzies	mosquitos	Stechmücken
nightie	night dress	Nachthemd
oldies	the old ones	die Alten
Pommie	Englishman	Engländer/in
pozzie	position	Stelle, Job
postie	postman	Postbote
pressie	present, gift	Geschenk
rellies	relatives	Verwandte
saltie	saltwater crocodile	Leistenkrokodil
sammie	sandwich	belegtes Brot
sickie	a day off work	„Krankfeiertag"
soapie	soap opera	Seifenoper
sunnies	sun glasses	Sonnenbrille
surfie	surfer	Wellenreiter
swaggie	swagman	Landstreicher
Tassie	Tasmania	Tasmanien
tinnie	beer can	Bierdose
truckie	truck driver	„Brummi"
undies	underwear	Unterwäsche
vegies	vegetables	Gemüse
weakie	weak person	Schwächling
wharfie	wharf labourer	Hafenarbeiter
yachtie	s.o. sailing yachts	Segler
youngies	the young ones	die Jungen, Jugend

Abkürzungen

-O

Abo	Aborigine	austr. Ureinwohner
aggro	aggressive	gereizt, aggressiv
arvo	afternoon	Nachmittag
barro	embarrassing	peinlich
bizzo	business	Geschäft, Befinden, Sache
bullo	bull dust	Blödsinn
compo	compensation	Entschädigung
convo	conversation	Gespräch, Unterhaltung
dekko	to have a look	ein Blick
dunno	I don't know.	Ich weiß es nicht.
evo	evening	Abend
garbo	garbage man	Müllmann
intro	introduction	Einführung
journo	journalist	Reporter
muso	musician	Musiker
reggo	car registration	Fahrzeugschein
Salvo	Salvation Army	Heilsarmee-Mitglied
smoko	short break at work	Raucherpause
thingo	What's it called?	„Dingsda"
veggo	s.o. eating veggies	Vegetarier
weirdo	weird person	komischer Kauz

-Y

addy	address	Adresse
bakky	tobacco	Tabak
comfy	comfortable	bequem
cruddy	of cheap quality	billig, kitschig
dodgy	suspicious	suspekt, fragwürdig
footy	football	Aussie Rules Football, Rugby
lavvy	lavatory	Toilette
plakky	plastic	Plastik
telly	television set	Glotze (TV)

Hot wheels
Let's hit the road, Jack!

In einem Land, das etwa 21 mal größer als Deutschland ist, kann man nicht erwarten, ein gut ausgebautes oder gar flächendeckendes Verkehrsnetz vorzufinden. Dazu besteht auch keine Notwendigkeit, schließlich lebt die Mehrheit der 22 Millionen Einwohner in den fünf großen Städten, in denen man sich im allgemeinen recht unproblematisch mit öffentlichen Verkehrsmitteln wie Bus, Taxi oder Straßenbahn fortbewegen kann. Sobald man aber versucht, außerhalb der „City Limits" einen Ort zu erreichen, steht

man unweigerlich vor einem Problem – sofern man kein Auto besitzt. Daher ist der „Kasten mit den vier Rädern" nicht nur das wichtigste Fortbewegungsmittel auf dem Fünften Kontinent, sondern zugleich ein Symbol für größtmögliche mobile Unabhängigkeit. Mit „deutschen Standards" darf man das Fahren Down Under aber nicht vergleichen. Zum einen gilt ein landesweites Tempolimit von max. 110 km/h auf den Highways, zum

Hot wheels

anderen wird man nur selten in den „Genuss" kommen, schneller fahren zu können. Dafür gibt es einfach zu wenig asphaltierte Straßen und zu viele tückische Radarfallen. Wer einen „Abstecher" ins Outback plant, sollte sich im Vorfeld bestens ausrüsten und mit den unzähligen Besonderheiten und Gefahren vertraut machen. Ansonsten kann es passieren, dass man von einem Road Train unsanft an den Straßenrand geschubst wird oder sich bei Gluthitze auf einen 300 Kilometer langen Marsch zur nächsten Tankstelle begeben muss...

4WD	Allrad- bzw. Geländewagen
accelerator	Gaspedal
anchors	Bremsen
bingle / prang / stack	Autounfall, Crash
bikie	Motoradfahrer
Bitumen	asphaltierte Straße im NT
Black Maria / divvy van / paddy van	„Grüne Minna"
Blue Heeler	Polizei
bomb	altes Auto, Karre
bonnet	Motorhaube
boot	Kofferraum

Hot wheels

bull-bars / roo-bars	Frontschutzbügel, die vor größeren Schäden bei Zusammenstößen mit Rindern und Känguruhs schützen. Wichtig bei Nachtfahrten und im Outback!
to go bushbash	querfeldein fahren
carbie	Vergaser
clutch	Kupplung
coach	Überland-Bus (z.B. Greyhound)
crash repair shop	Werkstatt
donk	Motor
"Fang it!"	„Leg mal 'nen Zahn zu!"
"Fill her up, please!"	„Bitte volltanken!"
flattie	ein „Platter" (Reifen)
gear	Gang
Holden	Automarke (Tochterfirma von GM); quasi Opel auf australisch
hoon	Verkehrsrowdy
hooter / horn	Hupe
a hotted up car	aufgemotztes Auto
hump	Bodenwelle
jack	Wagenheber
juice	Saft (Sprit, Benzin)
"That car sucks up the juice!"	„Die Karre schluckt massig Sprit!"
„Just down the road, mate"	„Immer geradeaus fahren, Kumpel." Bekommt man diese Antwort, sollte man sich etwas genauer nach dem Weg erkundigen - das „Geradeaus" kann Down Under zwischen 100 m und 1000 km alles sein...
to give s.o. a lift	jem. mitnehmen bzw. fahren
panel van	überdachter „Ute" (kastenförmig)
petrolhead	Autonarr
pot-hole	Schlagloch
to be pulled in	von der Polizei angehalten werden; („Links ranfahren, bitte!")
push-bike	Fahrrad
radio	Radio oder Funkgerät

Hot wheels

rattler	Zug
to jump the rattler	*auf einen fahrenden Zug aufspringen; schwarzfahren*
road train	Ein Truck mit mehreren Anhängern (dogs), der im Outback auf den sog. beef roads für Viehtransporte fährt.
reggo	Fahrzeugschein (car registration)
roads worthy certificate	TÜV-Bescheinigung
to scale	schwarzfahren
servo	Tankstelle (service station)
shark	Gebrauchtwagenhändler
truckie	„Brummi" (LKW-Fahrer)
u-ie	Abk. für u-turn; 180°-Wende
to chuck a u-ie	*eine 180°-Wende machen; je jünger der Fahrer, umso lauter quietschen dabei die Reifen*
to be up a gum tree / **to get bushed**	sich verfahren (verirren)
ute	Abk. für utility van: Pritschenwagen
Vee Dub	VW (Volkswagen)
white pointer	Spitzname für die Highway Patrol, der vom großen weißen Hai übernommen wurde; wohl aus der Überlegung heraus, dass man in Schwierigkeiten steckt, sobald man einen White Pointer im Rücken hat.
write-off	reif für den Schrottplatz

"That car has had it - you'll need a bloody fortune to have it fixed. It's written off, mate!"

IF YOU DRINK - THEN DRIVE,
YOU'RE A BLOODY IDIOT!

Eine sehr erfolgreiche Kampagne gegen „Alkohol am Steuer". Erfreulicherweise gibt es in Australien nur wenige „Schwachköpfe", die meinen, im besoffenen Zustand Auto fahren zu müssen. Wird man erwischt, wird es teuer und kann – im Wiederholungsfall – mit dem lebenslangen Entzug des Führerscheins enden.

Arbeiten in Oz
Ellbow grease & chucking sickies

Aufgrund der Einreisebestimmungen ist es den meisten Ausländern im Normalfall nicht vergönnt, eine Arbeitserlaubnis (work permit) zu bekommen. Setzt man sich darüber hinweg und geht schwarz „anschaffen", macht man sich strafbar und muss damit rechnen, unweigerlich außer Landes gewiesen (und so schnell auch nicht mehr reingelassen) zu werden. Wer sich als junger Mensch zwischen 18 und 30 Jahren ganz legal etwas Geld für die Reisekasse dazuverdienen möchte, kann bei der aus-

„He's gonna chuck a sickie today!"

tralischen Botschaft (oder über entsprechende Dienstleister) ein **Working Holiday Visum** beantragen. Damit darf man dann ganz offiziell bis zu 12 Monate arbeiten, wenn auch nur in bestimmten Jobs. Welche das sind bzw. welche Bedingungen ansonsten mit dem Visum verknüpft sind, erfährt man bei der australischen Botschaft. Die Antragsgebühren belaufen sich derzeit (Stand: 01/2017) auf 390 A$. Nicht ganz günstig, zudem ist man ab dem ersten verdienten Dollar steuerpflichtig! Dafür bietet **Working & Travelling** für viele Backpacker die Chance, einen längeren Aufenthalt Down Under finanziell zu stemmen.

Arbeiten in Oz

Learning the ropes
Allgemeines

award	Lohn
to arse about with care	unfähig sein; stümperhaft (mehr schaden als nutzen)
battle / graft / slog / yakka	harte (meist körperliche) Arbeit, Maloche, der tägliche „Kampf"
battler / grafter	*der harte und ehrliche Arbeiter*
to bull s.o. / to be buggered about	jem. antreiben, scheuchen
compo	Entschädigungszahlung bei Arbeitsunfällen
crew / gang	Arbeitsgruppe, Team
to be on the dole / on the susso	stempeln gehen, auf „Stütze"
dole-bludger	*„Parasit" - Jem., der Arbeitslosengeld bezieht, aber keine Lust zum Arbeiten hat.*
to put ellbow-grease into s.th. / to put one's arse in to gear	sich anstrengen, ins Zeug legen
to fart-arse around / to be slack	schlunzig arbeiten bzw. trödeln
to be flat out like a lizard drinking	pausenlos durcharbeiten, gestreßt
to get arseholed / to get the arse / to get fired / sacked / the axe	gefeuert werden
to get stuck into s.th. / to knuckle down to a job	sich reinknien, im Job engagieren
government stroke	vorschriftsmäßiger Dienst
to knock off work	Feierabend machen
to live off the smell of an oil rag	Eine Bezeichnung, die häufig für übermotivierte Neu-Australier gebraucht wird: „Dieser Kerl würde glatt anfangen zu heulen, wenn wir ihn nach Feierabend mit in den Pub nehmen."

Arbeiten in Oz

lurks	Kleine „Kniffe", die den Job angenehmer machen, z.B. Privatgespräche führen, wenn der Chef nicht da ist.
to be on a good lurk / good wicket	*einen lockeren Job haben*
mollydooker / kacky hander	Stümper (zwei linke Hände)
off-sider	Assistent, (Junior-)Partner
perk	Nebenverdienst, Bonus, Privileg
pozzie	Stelle, Job
retread	Wörtlich ein „runderneuerter" Reifen; gemeint ist ein Rentner, der wieder arbeiten geht.
Rick the prick 💡	unfeines Wort für Boss („Antreiber")
to be rooted / shagged / zonked	erschöpft, erledigt
to show s.o. the ropes / to help s.o. to get a leg up	jem. in eine Tätigkeit einweisen
sickie	Krankfeiertag
to chuck a sickie	*einen Tag blaumachen*
sit-down money	Arbeitslosengeld
to be slow as a wet weekend	lahmarschig
smoko	Raucher- bzw. Frühstückspause
union	Gewerkschaft
when the crow shits	Zahltag
"Wouldn't work in an iron lung!"	extrem faul

Working in the big smoke — In der Stadt

ambo	„Sani" (Sanitäter)
beak	Richter
bean counter	„Erbsenzähler" (Buchhalter)
cabbie	Taxifahrer
chalkie	„Pauker" (Lehrer)
chippie	Handwerker
contractor	Unternehmer, Dienstleister
fang carpenter	„Zahnklempner"
firie	Feuerwehrmann
garbo	Müllmann
gyno	Frauenarzt

Arbeiten in Oz

hostie	Flugbegleiterin (Stewardess)
journo	Reporter
milko	Milchmann
pollie	Politiker
quack	„Quacksalber" (Arzt)
sparkie	Elektriker
techie	Techniker, Ingenieur
truckie	„Brummi" (LKW-Fahrer)
wharfie	Hafenarbeiter
wreckie	Arbeiter auf einem Schrottplatz

STOCKMAN

On the sheep's back
Auf dem Land

Während die meisten Australier heutzutage in Handels- und Dienstleistungsberufen arbeiten, gibt es natürlich auch einige, die ihre Brötchen in der Land- und Viehwirtschaft verdienen – neben dem Abbau von Bodenschätzen der traditionell wichtigste Wirtschaftszweig des Fünften Kontinents. Schließlich entstand „auf dem Rücken der Schafe" (eine Anspielung auf die Vormachtstellung Australiens als weltgrößter Wollexporteur) eine der reichsten Wohlstandsgesellschaften auf der Erde.

Arbeiten in Oz

boss-of-the-board	Koordinator beim Schafscheren
boundary rider	„Zaunflicker" - Jem., der die Grenzen einer Station kontrolliert und beschädigte Zäune repariert.
cockie	Kleinbauer, Farmer
cane-cockie	*Zuckerrohrfarmer*
cow-cockie	*kleiner Rinderfarmer*
dogger / dog-stiffener	Dingo-Jäger
drover / overlander / stockman	Viehtreiber bzw. Cowboy, der heutzutage eher mit einem Hubschrauber als auf dem Pferd unterwegs ist.
grazier / pastoralist	Schaf- oder Rinderfarmer
gun / gun-shearer / ringer	der schnellste Schafscherer
jackeroo	Lehrling auf einer großen Farm
jilleroo	ein weiblicher „Jackeroo"
orchard	Obstplantage
paddock	Koppel oder Feld (eingezäunt)
the long paddock	*Straße oder Straßenrand im Outback*
picker-up	Jem., der beim Schafscheren die Wolle aufsammelt.
rouseabout / shed-hand	Stallgehilfe
station	Was in den USA Farm oder Ranch genannt wird, heißt bei den Aussies schlicht und einfach „station" und ist in vielen Fällen mehrere tausend Quadratkilometer groß.
stock / livestock / cattle	Vieh
stockholder	*Besitzer, Züchter*
water burner	Koch auf einer Farm (lässt auch schon mal das Wasser anbrennen).

Sport & Spiel
Aerial ping-pong, surfies & The Cup

In den Augen vieler Aussies wird Arbeit als ein notwendiges Übel angesehen, von dem man sich in der Freizeit ausgiebig erholen muss. Kurz: Man arbeitet, um zu leben! Dass dieses Leben nach Feierabend oftmals genauso schweißtreibend wie Arbeit sein kann, nehmen die von der Sonne reichlich Beschenkten dabei gerne in Kauf. Schließlich zählt Australien zu den sportverrücktesten Nationen auf der Welt. Das durchgehend ideale Klima tut ein übriges und lockt regelmäßig Hunderttausende in die Stadien, in denen Cricket- oder Footballspiele – die populärsten Massensportarten – ausgetragen werden. Fußball, wie wir ihn kennen, gibt es natürlich auch; nur heißt er Down Under „Soccer", wurde lange Zeit als „Mädchensport" verspottet und fast ausschließlich von europäischen Einwanderern gespielt.

Da die meisten Australier das Meer direkt vor der Haustür haben, stehen natürlich Wassersportarten wie Surfen, Schwimmen oder Segeln ganz hoch im Kurs. Vor allem das Wellenreiten ist für viele zum Lebensinhalt geworden, einer Faszination, der man sich nicht mehr entziehen kann. So kann man häufig auch Geschäftsleute im Anzug beobachten, die mit

Sport & Spiel

einem Surfbrett unterm Arm zur Arbeit gehen, um nach Feierabend so schnell wie möglich an den Strand zu flitzen und getreu dem Motto **„Life is a beach"** dem Gott der Wellen zu fröhnen. Ansonsten gibt es praktisch nichts, was es nicht gibt. Erfreulich ist auch, dass viele Sportarten, die bei uns nur mit dicker Brieftasche zu realisieren sind, in Australien lediglich ein Taschengeld kosten. So muss man beispielsweise kein Mitglied in einem versnobten und hoffnungslos überteuerten Golfclub sein, sondern kann schon für unter 20 Dollar (inkl. der Schlägermiete) ein paar tolle Stunden auf einem öffentlichen Platz verbringen... **„Have a go, mate!"**

"Atta-boy!"	Ansporn: „Gut gemacht, weiter so!"
Australian Football / Aussie Rules / footie / king footie	Experten halten diese dem amerikanischen Football sehr ähnliche Sportart für die „tougheste" der Welt. Kein Wunder, denn es wird ohne jeglichen Schutz gespielt und geht 100 Min. ziemlich derb zur Sache, wenn sich zwei Mannschaften mit je 18 Spielern auf dem Feld gegenüberstehen. Die Hochburg dieses spektakulären Sports liegt in Victoria (Melbourne), welches 9 von 16 Teams in der Australian Football League (AFL) stellt.
aerial ping-pong / footbrawl	Scherz-Begriffe für „Aussie Rules"
to be arsepaper ⚐	nutzlos, eine Niete sein
to barrack for one's team	seine Mannschaft anfeuern
belly-buster / belly-whacker	„Bauchklatscher"
big sticks	Torpfosten beim Football
blob / duck	Durststrecke beim Cricket (no points)
board	Surfbrett
boardies	Abk. für board shorts - Surferhosen
boatie / yachtie	Segelsportler
blow-in	Anfänger, Neuling
boogie-board	„Halbes Surfbrett", auf dem man lediglich mit dem Oberkörper surft.
bush-walking / bush-hiking	wandern
Boomers	Basketball-Nationalmannschaft

Sport & Spiel

Cane Toad	Rugby-Fan oder Spieler aus Qld.
castle / furniture	Stangen bzw. „Tor" beim Cricket
"Chewie on your boot!"	Fan-Spruch, der an den ballführenden Spieler der gegnerischen Mannschaft gerichtet ist, in der Hoffnung, dass er das Tor verfehlt.
to be creamed / to be flogged	eingeseift werden (hoch verlieren)
currents / rips	Gefährliche Strömungen, die einen Schwimmer aufs Meer ziehen.
dumper	Riesenwelle, die alles unter sich begräbt, besonders Surfer.
fizzer	hohe Niederlage
"Get a bag!"	„Wie kann man nur so einen leichten Ball nicht fangen?" (Cricket)
goalie	Torhüter
to be in a good nick	in guter Form sein
good sport	Sportsmann, fairer Verlierer
grommet	junger Surfer
hard yards	hartes Training
"Have a go ya mug!" ✎	„Komm schon, setz deinen Arsch endlich in Bewegung!"
to have all the makings	etwas auf dem Kasten haben
mullygrubber	unfairer Unterarmwurf beim Cricket
nipper	junger Strandwart (Baywatch-like)
no-neck	„unfähiger" Rugby-Spieler, Weichei
to be out of shape	außer Form, schwache Kondition
push-bike	Fahrrad
pushie	*Radfahrer*
ref	Schiedsrichter (referee)
ring-in	unerlaubter Wechsel
to be rough as guts	knochenhart oder unfair spielen
rugby / thugby	Vorwiegend in NSW und Qld.; gespielt wird in 2 Klassen: der Rugby League und der vom Medienmogul Rupert Murdoch ins Leben gerufenen Super League.

Sport & Spiel

sharkbait / shark-biscuit	„Haifutter" - ein Surfneuling
shellacking	Packung (hohe Niederlage)
surf	Brandung, Wellengang
surfie / wax-head	Wellenreiter
tomato	Cricket-Ball
walkover	leichter Sieg („Spaziergang")
Windies	West Indian Cricket Team

Bets please! Wetten & Spielen

Obwohl die Aussies sich ansonsten sehr von den englischen „Inselaffen" zu distanzieren versuchen, haben sie mit ihnen doch eines gemeinsam: die Spiel- und Wettleidenschaft sowie die Begeisterung für den Pferdesport. Sogar der Bau des Sydneyer Opernhauses wurde durch eine Lotterie finanziert.

Sport & Spiel

arcade	Spielhölle
bad trot / bad run	Pechsträhne
bet / flutter	Wett- bzw. Spieleinsatz
"Bets please!" / "Make your bet!"	*„Einsätze bitte!"*
bookie	Buchmacher
"I could eat the horse and chase the jockey."	Spruch, nachdem man beim Pferderennen viel Geld verloren hat.
The Cup	Der Melbourne Cup - das wichtigste Pferderennen Down Under. Da fast jeder mitwettet, sind es auch die 3 spannendsten Minuten im Jahr.
dinkum oil / the good oil	„todsicherer" Tip
to go for the doctor	alles oder nichts
good trot / good run	Glückssträhne, ein guter Lauf
hoop	Jockey
the man with the minties	imaginärer Sündenbock
Phar Lap	legendäres Rennpferd
pinnie	Flipper
pokie	Geldspielautomat
pool	Poolbillard - sehr beliebt!
to put a poultice	mit hohen Einsätzen spielen
pun	Geldwette
the races	Pferde- oder Hunderennen
scratchie	Rubbellos
TAB	Totalisator Agency Board; staatlich kontrolliertes Wettbüro
two-up / swy	In früheren Tagen war dies das beliebteste (illegale) Glücksspiel in Australien: Mittels eines kleinen Stöckchens (kip) wurden 2 Münzen von einem sogenannten spinner in die Luft geworfen, auf die die Herumstehenden (swy-school) ihr Geld setzen konnten.
urger	schlechter Tipgeber bei Pferdewetten
woffle dust	das Glück, auf das man beim Spiel hofft; auch „Zielwasser"

Rund ums Geld
Redbacks and goldies

Von „Knete" über „Freundschaftspreis" bis hin zu „Schnorrer" sind in diesem Abschnitt alle wichtigen Begriffe vertreten, die sich sowohl direkt als auch indirekt ums „liebe Geld" drehen.

bargain / special	Schnäppchen, Sonderangebot
big bikkies	das „ganz große" Geld
to blow one's doe /	sein ganzes Geld verprassen bzw.
to knock one's money down	auf den Kopf hauen
bludger / bot	Schnorrer (auch Faulenzer)
to bludge	schnorren, auf der Tasche liegen
boodle	1. Kohle, Knete
	2. „Blüten" (Falschgeld)
oodles of boodle	*eine Stange Geld*
boomerang / Dunlop cheque	ungedeckter Scheck
brass / coin / doe / lolly /	Knete, Kohle, Moneten, Zaster, ...
mintie / moolah	
"I've got no moolah!"	*„Ich habe keinen Pfennig mehr!"*

Rund ums Geld

brass razoo / tacky	billig, kitschig
"That car's not worth	*„Diese Karre ist keine müde*
a brass razoo!"	*Mark wert!"*
to be broke	pleite, abgebrannt
flat broke / stone broke	*total pleite*
bucks	Dollars (aus dem amerik. Englisch)
buckjumper	*Rodeopferd*
to buy s.th. on tick / ... on tab	etw. auf Pump kaufen
cadger	Schnorrer (im positiven Sinne)
to cadge / to bite / to snaffle	*akzeptierte Form des Schnorrens*
	und Ausborgens
cash / change / shrapnel	Bar- bzw. Wechselgeld
to be not worth a cracker	wertlos
to chuck in for s.th. /	Geld für etwas zusammenlegen
to kick in for s.th.	
discount	Rabatt, Ermäßigung
docket / Jack and Jill	Rechnung
"I'll fix your Jack and Jill!"	*„Die Rechnung geht auf mich!"*
dud-dropper	Hehler, Straßenhändler
easy money	leichtverdientes Geld
exie	Abk. für expensive - teuer
„It's a bit exie, let's go to another shop!"	
to fall off the back of a truck	„vom Laster fallen" (geklaute Ware)
five-finger-discount	Ladendiebstahl
to fleece s.o. off	jem. ausnehmen wie eine
	Weihnachtsgans
free	kostenlos
fraud	Betrug
freeby	Kostprobe, Muster (gratis!)
to do a bunk / to make a quick	sich aus dem Staub machen, ohne
getaway / to do a moonlight flit	zu bezahlen; die Zeche prellen
illywhacker	1. Trickbetrüger
	2. Rohrstock, mit dem früher in der
	Schule geprügelt wurde
to haggle (the price down)	feilschen, herunterhandeln
to hit the kick / to kick the tin	„kick" heißt Portemonaie - also Geld
	ausgeben oder spenden

"HE'S GOT DEATH ADDERS IN HIS KICK!"

Rund ums Geld

hungry bastard 🌶	Erbschleicher, Nimmersatt
lashing out	Kauforgie
"It's going like hot cakes."	„Es geht weg wie warme Semmeln."
lay-by	Anzahlung oder Rate
loan shark	Kredit-Hai
"Is this the lot?"	„Darf's noch etwas sein?"
mangy bastard 🌶 **/ cheap skate / scrooge / tight arse** 🌶 **/ tight wad** 🌶	Geizkragen
mates-rates	Freundschaftspreis
motza	ein Haufen Kohle, aber auch Glück
to score a motza	*viel Geld gewinnen*

Rund ums Geld

to nick s.th.	etw. stehlen
plastic money	Australische Banknoten bestehen nicht aus Papier, sondern aus Kunststoff.
to pull the belt in	den Gürtel enger schnallen
to put the fangs in s.o. /	wörtl.: die Fangzähne in jem. hauen,
to put the nippers in s.o.	jem. finanziell ausnutzen
to put the acid on s.o. /	jem. anpumpen, bedrängen
to put the hard word on s.o.	
quid	Australisches Pfund (alte Währung)
to have some quids in	entweder Geld auf der Kante haben oder in etwas investieren
rip-off	Abzocke, Nepp, Beschiss
to rip s.o. off	jem. abzocken
scam	Schwindel, Betrug, Bestechung
scammer	*Betrüger, Abzocker*
shonky / cruddy	billig, kitschig (in Punkto Qualität)
to shop around	umschauen, Preise vergleichen
silvertails / tall poppies	erfolgreiche (vor allem reiche) Leute
to sting s.o.	jem. bestechen oder anpumpen
sting	*Bestechungsgeld*
to be sucked in	auf ein zweifelhaftes Geschäft reingefallen sein
"You've been had!"	„Man hat dich reingelegt."
tip	Trinkgeld
"You've got the rough end of the pineapple."	„Du hast ein schlechtes Geschäft gemacht."

DIE FARBE DES GELDES

goldies	1$- & 2$-Münzen (gold)
fiver	5$-Schein (lila)
blue swimmer / tenner	10$-Schein (blau)
lobster / redback	20$-Schein (rot)
pineapple	50$-Schein (gelb)
jolly green giant	100$-Schein (grün)

Klamottenkiste
All dressed up and nowhere to go

Wie sollte es angesichts des durchgehend warmen Klimas auch anders sein, trägt man in Australien eher weniger als mehr. Zumindest in der Freizeit beherrschen T-Shirts, Shorts und Badelatschen das Straßenbild. Trotzdem wird mancherorts Wert auf angemessene Bekleidung gelegt. So erhält man beispielsweise in vielen Restaurants als „krawattenloser Barfußläufer" keinen Zutritt. **No tie, no shoes, no service!**

SURFIN' CROCODLE YUPPIE

Akubra berühmte austr. Hutmarke
to be all dressed up and dastehen wie bestellt und nicht
nowhere to go abgeholt

Klamottenkiste

to be ants pants	topmodisch, aber auch versnobt
bag of fruit	Anzug (reimt sich auf suit)
bathers / speedos / swimmers / togs	Badehose(n)
beanie	Mütze oder Wollhut
Billabong	Hersteller von Surf-Mode
Blunnies	„Blundstones" - Arbeitsschuhe
boardies	Surfer-Shorts (board shorts)
cardigan	Jacke, Jackett
clobber / gear / threads	Klamotten
cozzies	Badeanzug
dag	Modemuffel
to be a bit daggy	*schlunzig, schlampig, unmodern*
daks / duds / pants / rammies / scungies / stubbies / strides	kurze oder lange Hosen
dick stickers ⚠ / nut chokers ⚠	sehr enge Männer-Unterhosen
to be dressed up like a pox-doctor's clerk	sich unwohl in seinen Sachen fühlen
Drizabone	unverwüstbarer Staubmantel
to doll oneself up	sich in Schale werfen (Frauen)
Doona	Steppdecke
egg-boiler / pea-dodger	Bowler-Hut
flash	herausgeputzt (i. S. v. auffällig)
as flash as a rat with a gold tooth	*wie aus dem Ei gepellt*
lair / mug lair / show pony	Angeber, meist auffällig gekleidet
to lair oneself up	sich in Schale werfen, aber so, dass es schon penetrant wirkt
knickers / undies	Unterwäsche (Frauen)
sexy undies	*Dessous*
Manchester	Leinen (im Haushalt)
nightie	Nachthemd

Klamottenkiste

port	Koffer (insbesondere in QLD)
to rug oneself up	sich warm anziehen
shades / sunnies	Sonnenbrille
to scrub up well	sich herausputzen und einfach toll aussehen, ansonsten aber wie ein „Schlunz" umherlaufen
singlet	ärmelloses Shirt oder Weste
sussies	Strapse
to look swank	teuer und schick gekleidet
thongs / flip-flaps	billige Badelatschen (Klassiker!)
uggies	kurz für ugg boots - Hausschuhe, die mit Lammfell gefüttert sind
hard yakka	populäre Arbeitskleidung

To be as flash as a rat with a gold tooth

Tierisches
Billy Bluegum, Joey & Co.

Die geringe Bevölkerungsdichte und geographische Isolation Australiens bereichern den Kontinent um einen weiteren Kontrast – seine atemberaubende Tierwelt. Viele Arten sind in unseren Breitengraden gänzlich unbekannt, was in manchen Fällen vielleicht auch gut so ist. Hier sind nun einige dieser Tiere aufgeführt, die das Image Down Unders prägen und auch im alltäglichen Sprachgebrauch der Aussies Verwendung finden.

bandicoot | Beutelratte
to be poor as a bandicoot | arm wie eine Kirchenmaus
to be miserable as a bandicoot | sich hundeelend fühlen

bities | Oberbegriff für alles, was kriecht, beißt, sticht oder anderweitig ein Barbeque stört.

Tierisches

bitzer	Mischlingshund (a bit of this & that)
black bastard / Blue Heeler / Queensland cattle dog	1. austr. Hütehund 2. Polizist/in (Blue Heeler)
blowies / butcher's canary	Schmeißfliegen (blowflies)
box jellyfish / marine stinger / sea wasp	Diese todbringende Qualle ist die Antwort auf die Frage, warum im Norden und Nordosten die Strände während der Sommermonate menschenleer sind.
brumby	Ein Wildpferd - Hauptbestandteil des austr. Dosenhundefutters
budgie	kleiner Wellensittich
black incher / bull ant	Große Ameise (bulldog ant), der man besser aus dem Weg geht, da sowohl ihr Biss als auch ihr Stich sehr schmerzhaft sein kann.
cane toad	1. Giftige Riesenkröte, die in den 1930er Jahren aus Südamerika eingeführt wurde, um der Insektenplage auf Queenslands Zuckerrohrfeldern Herr zu werden. Unlängst selbst zum Plagegeist geworden, erfüllt sie in den Augen einiger Banana Bender einen „guten Zweck" - als unfreiwilliger „Ersatzgolfball". 2. Rugby-Spieler oder Fan aus Queensland
chooks / chookies	Kosename für Hühner
cockatoo / cockie	1. gelb-weiß gefiederter Kakadu 2. Jem., der „Schmiere" steht

Tierisches

cockie / cockroach Kakerlake; große Schabe, die nachts nicht selten auf Nahrungssuche in austr. Küchen geht.

crocs Abk. für crocodiles, die in den Gewässern im Norden des Landes beheimatet sind. Man unterscheidet zwischen den relativ harmlosen **freshies** (Süßwasserkrokodile) und den für den Menschen gefährlichen **salties** (Leistenkrokodile).

DINNER BEI DINGOS

dingo 1. berüchtigter austr. Wildhund
2. bei Menschen kennzeichnend für einen unerwarteten Gast oder schlechte Tischmanieren

duckbill / platypus Schnabeltier - ein Kuriosum (halb Reptil, halb Säugetier), das nur in Australien vorkommt.

Tierisches

dugong	Seekuh
echidna	Ameisenigel; gehört zur Familie der Schnabeltiere
galah	1. extrem lauter und daher unbeliebter Rosakakadu 2. bei Menschen: ein Trottel
goanna / bungarra / lizard	1. Große Echsen, die von manchen Bushies sogar als Haustiere gehalten werden. 2. Klavier (goanna)
to play the old goanna	*auf dem alten Klimperkasten spielen*
grey nurse	Keine alte Krankenschwester, sondern ein Grauhai.
Joe Blade	Schlange (reimt sich auf snake)
Joey	Känguruh-Baby, das noch von seiner Mutter im Beutel getragen wird.
jumbuck	Schaf (Begriff aus der Siedlerzeit)
kangaroo / kanga / roo	Wappentier und größter Beutler auf dem Fünften Kontinent; **boomer** und **flyer** sind Riesenkänguruhs
kelpie	1. Einheimischer Hütehund, der ursprünglich aus der Kreuzung eines Dingos mit einem englischen Schäferhund hervorgegangen ist. 2. Schimpfwort für einen Surfer
koala / Billy Bluegum	Kuscheliger Eukalyptus-Gourmet; Das Wort selbst stammt aus der Sprache der Aborigines und heißt soviel wie: „Ich trinke nicht!"

JOEY'S HOME

Tierisches

kookaburra / Laughing Jackass	Der Scherzbold unter den einheimischen Vögeln - kein berühmter Sänger, dafür hat er die hämischste Lache im ganzen Busch, weshalb ihn die deutschen Siedler auch „Lachender Hans" nannten.
lyre bird / paradise bird	Leierschwanzvogel, der aufgrund seiner Federpracht lange Zeit auf der Abschussliste der Hutindustrie stand.
moggy	Mietzekatze
mozzies	Stechmücken
Neddy	Kosename für ein Pferd
opossum / possum	1. katzenähnliches Tierchen 2. Kosename unter Verliebten
possum guts	Feigling
redback (spider)	Rotrückenspinne; austr. Ableger der Schwarzen Witwe
redback under the dunny seat	Überraschung unterm Klodeckel
redback	*20-Dollar-Schein*
Tassie devil	Tasmanischer Teufel
wallaby	kleinste Känguruhart
wallaby track	Begriff aus der Siedlerzeit: ein beschwerlicher Weg durchs Outback
to be up on the wallaby	auf der Flucht bzw. auf Jobsuche
white pointer	1. der große weiße Hai 2. Polizei (Highway Patrol) 3. Strandschönheit, die „oben ohne" sonnenbadet. 4. Brüste einer Frau
wombat	„Plumpbeutler" - das Lieblingstier vieler Aussies

Körperkunde
Loaf, ivories & laughing gear

Teil I
Von Kopf bis Fuß

Keine Angst - Sie halten immer noch einen Sprachführer in den Händen und kein Anatomielehrbuch. Aber wenn Sie hier schon mal angelangt sind, schauen Sie doch einfach mal, wie es um ihren Körperteil-Wortschatz bestellt ist...

block / loaf / lolly / noggin / nut / scone	Schädel, Birne (Kopf)
"Use your loaf!"	„Streng Deine Gehirnzellen an!"
blue eyes / bluey / ginger nut	Spitznamen für einen „Rotschopf"
curly / nude nut / baldie	Spitznamen für einen „Glatzkopf"
dunny-brush	kurzer Stoppel-Haarschnitt
beak / hooter	Zinken (Nase)
dial / mug	Gesicht
bung-hole / cake-hole / moosh / laughing gear / tucker-chute	Klappe, Freßlade, Schnute (Mund)
crockery / fangs / ivories / jaws	Beißer, die Weißen (Zähne)
railway tracks	Zahnspange
lugs	Lauscher (Ohren)
face fungus / ziff	Bart
to mow the Brigalo Suckers	sich rasieren
Gregory Peck	Hals, Nacken (reimt sich auf neck)
dooks	Hände, Fäuste
breadbasket / belly / guts	Bauch (guts = Magen, Eingeweide)
beer-belly / beer-gut / awning over the toyshop	*Bierbauch, Plautze*
belly-button	*Bauchnabel*
plates of meat / clod-hoppers	Füße
acre 🌶 / bum 🌶 / butt 🌶 / date	Hintern
arse-end / butt-end of s.th.	*das hintere Ende von etwas*
„Up your date, mate!" 🌶	„Steck's Dir sonstwohin!"
backside / rearside	Kehrseite
sit-upon	der „Allerwerteste"
brown-eye / coit / freckle	Anus

Körperkunde

Teil II
Private parts

Hier werden all die Körperteile vorgestellt, die in der Regel nicht in der Öffentlichkeit präsentiert werden, sondern lediglich einem ausgewählten Publikum vorbehalten sind - nämlich die **Privates**.

Für das **männliche Geschlechtsorgan** gibt es im Australischen so einige lustige Begriffe:

> bat / stick / cock
> dick / donger
> prick / joystick
> fuck-stick / root
> wedding tackle
> tool / toyshop
> Peter / Willy
> the old fella
> screwdriver
> the wife's
> best friend

Dies gilt auch für das dazugehörige „**Anhängsel**":

> apricots / agots / balls /
> cruets / groins / Crown Juwels /
> jewels / family benefits /
> love spuds / knackers / marbles /
> nuggets / nuts

Körperkunde

Wie im Deutschen gibt es zahlreiche Worte für die **Brüste** einer Frau:

airbags / funbags
boobs / charlies
norks / hooters
jugs / knockers
apples / peaches
a nice pair of eyes
tits / wobblies
white pointers (Anspielung auf die „weißen Stellen" beim Sonnenbaden)

Einige der folgenden Ausdrücke für das **weibliche Geschlechtsorgan** behält Man(n) lieber für sich:

beaver / bush / fluff (Flaum)
map of Tassie (Dreiecksfell, da Tasmanien wie ein Dreieck geformt ist)

box / fanny ⚑ **/**
quim-quam / smoo ⚑
fur-burger / hairy pie / hole /
Juicy Lucy ⚑ **/ minge** ⚑ **/ muff** ⚑

short and curlies (Schamhaare)

pussy / pussy-cat / snatch / slag
cunt ⚑ (eines der schlimmsten Worte in der engl. Sprache!)

clit / clittie (Klitoris)

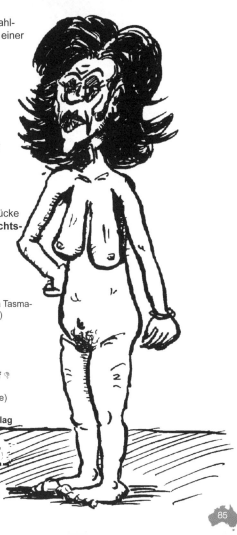

Love & Sex
Making love the Aussie way

Nach reiflicher Überlegung habe ich mich dazu durchgerungen, kein Blatt vor den Mund zu nehmen und auch diesen etwas „pikanten" Themenbereich in meinem Sprachführer aufzunehmen. Schließlich nehmen die zwischen- bzw. gleichgeschlechtlichen Beziehungen einen wichtigen Platz (nicht nur im australischen) Alltagsleben ein. Wen wundert es da, dass es gerade hier Slangausdrücke in Hülle und Fülle gibt. Ich bitte jedoch zu beachten, dass es sich bei einem Teil des nun folgenden Vokabulars um „Vulgärsprache" handelt, d.h. die entsprechend gekennzeichneten Ausdrücke sollten aufgrund ihres sexistischen und daher verletzenden Charakters besser niemals in den Mund genommen werden.

Babes & Sheilas
Frauen

babe	Die einen haben Freundinnen, Surfies haben Babes.
bag ⚡ / **boiler** ⚡	„in die Jahre gekommene" Frau
bitch ⚡	Hure (eigentlich Hündin)
brush / chick / flame	Mieze, Biene, Flamme
cracker / pearler / ripper	Spitzenbraut
dog ⚡ / **scrubber** ⚡ / **ugly stick** ⚡	„hässlich wie die Nacht"
dry old stick ⚡	*„vertrocknete alte Jungfer"*
doll / dolly	Puppe, Täubchen
hornbag ⚡ / **hussy** ⚡ / **rag** ⚡ / **town bike** ⚡	Flittchen; Mädchen, das leicht zu „haben" ist („Stadtmatratze")
Sheila	Allg. für junge Frau, aber nicht allzu charmant in weiblicher Gegenwart, da es auch „Tussi" bedeutet.
top sort / ripper-Sheila	*attraktive Frau („erste Wahl")*
slut ⚡ / **tart** ⚡	Schlampe
stunner	„Hingucker", Augenweide
to look stunning	*bildschön, betörend, umwerfend*

Love & Sex

Blokes & Skites
Männer

bloke / chap / fella / guy / bugger	Kerl, Typ, Mann
dag	schusseliger, aber liebenswerter junger Kerl - kein Frauentyp!
drongo 🚬	Trottel
good sort	feiner Kerl
galah 🚬 **/ lair** 🚬 **/ skite** 🚬	Angeber, Spiegelaffe, Aufschneider
softie / wimp	Weichei, ein „halber Kerl"
spunk / lush	kerniges Mannsbild (attraktiv)
to look spunky	*flott, sexy*
stud 🚬	„Stecher", Macker
wanker 🚬	Prolet, Idiot (wörtlich: Wichser)

KOSENAMEN
babe, baby, beauty, candy, darling,
honey, luv (love), possum, sugar, sweetie, sweetheart

Love & Sex

dates & knock-backs
Die Anmache

to be arse over tit / to fall over	verknallt, überglücklich
ball-breaker	Eine Frau, die jem. „abblitzen" lässt.
to chat s.o. up	jem. anmachen, anquatschen
to be on the rebound	in der „Warteschleife" - einen Korb bekommen, aber trotzdem am Ball bleiben...
cheeky	frech, keck
to be cute / nifty / sweet	süß, niedlich
to look dishy	sexy bzw. verführerisch aussehen
to doll o.s. up / to lair o.s. up	sich stylen, zurechtmachen
to dump s.o.	jem. fallenlassen
to fall for s.o.	sich unsterblich in jem. verlieben
to fancy s.o. / to be keen on s.o. / to have the hots for s.o. / to be shook on someone	auf jem. stehen, scharf sein, vernarrt in jem. sein
"Getting any?"	„Und, läuft noch was?" oder „Schon jemanden ausgeguckt?"
to gawk / to perve at eachother	sich anhimmeln, anstarren
to go out with s.o.	mit jem. gehen
to be a good sort	nett, attraktiv
handsome	männlich, kernig, „knackig"
to have an eye on s.o. / to have one's eyes on the prize	ein Auge auf jem. werfen
to have a date with s.o.	Verabredung, Rendezvous
to be in like Flynn	attraktiv, beliebt bei Frauen
to get a knock-back	Abfuhr
lippie	Lippenstift
to crack onto s.o.	jem. anbaggern
to make eyes at s.o.	schöne Augen machen, flirten
to pick s.o. up	jem. aufreißen
smoo-feast	Party mit hohem weiblichen Gästeanteil (very naughty!)
to tart o.s. up	sich „auftakeln" (stark schminken)
to tease each other	sich necken

Love & Sex

Slap and tickle
Das Vorspiel

to put the acid on s.o. / **to put the hard word on s.o.**	jem. (sexuell) bedrängen
"Bangs like a dunny door in a storm."	„Sie ist spitz wie Nachbar's Lumpi." (Achtung: Nur unter Männern!)
to crack a fat	eine „Riesenlatte" bekommen
to cuddle / to smooch / to tickle	kuscheln, schmusen, streicheln
French kiss / tongue sandwich / to pash / to play tonsil-hockey	Zungenkuss „Mandelhockey" spielen, sich leidenschaftlich küssen
to have a hard on / a horn	einen Steifen haben
to be horny / randy / rorty / toey	geil, spitz, es kaum noch aushalten
to hug each other	sich umarmen, sich drücken
to be on heat / like a house on fire	frisch verliebt
love birds	Turteltauben
naughty	(sexuell) erfahren
to be in the nude / nuddie / nick	nackt
one-night stand	mittlerweile eingedeutschter Begriff für eine „heiße Nacht"
petting / slap and tickle	Fummeln, Vorspiel, Petting
starkers	splitternackt
"Is there some hanky panky going on?"	„Nanu, was gehen denn hier für schmutzige Dinge vor sich?" (witziger Spruch auf Parties)

Little things
that make sex safer

Wenn es darum geht, Synonyme für ein kleines Stückchen Gummi zu finden, dann sind die Aussies darin Weltmeister. Beim Chemist heißen die „Dinger" aber weiterhin **Kondome**:

balloon / cover/ diving suit / dreadnought / envelope / Frenchie / French letter / glove / goody bag / jacket / joy bag / night cap / raincoat / rubber   shower curtain / scum bag / sprog bag

Love & Sex

Der »Hauptakt«
XXX

Eine Antwort auf das, was Sie immer schon wissen wollten, doch nie zu fragen wagten, werden Sie hier garantiert nicht finden. Ich kann Ihnen aber mit ein paar der geläufigsten Umschreibungen aushelfen, die es für die „schönste Nebensache der Welt" gibt. Die Didaktik reicht dabei von zart bis hart.

to bang ◈ / **to bump ugly** ◈	knallen, bumsen
to fuck ◈ / **to poke** ◈ / **to scrape** ◈	ficken
to get laid ◈ / **to get knotted** ◈	flachlegen
to have sex with s.o.	mit jem. Sex haben
to have a naughty	„Unanständiges" machen
to hump ◈ / **to knock s.o. up**	rumhoppeln, schwängern
to make love / to sleep with s.o.	mit jem. in die Kiste steigen
to nail / to screw ◈ / **to shag**	nageln, hämmern, schrauben
to pick a number	eine Nummer schieben
to play the hard salami	einen „wegstecken"
to root ◈ / **to get one's willy wet** ◈	vögeln
root	*1. Rute (Penis), 2. „Bettgenosse"*
to spear / to give s.o. a spear	„aufspießen"
to come / to shoot off /	kommen, abspritzen
to get a shot away	zum „Schuss" kommen
cock-breath / sprog	Sperma
to get off at Redfern	„abspringen" (Coitus Interruptus)

Do it yourself

Nicht jedes Los ist ein Hauptgewinn. Doch wie heißt es so schön: „Selbst ist der Mann bzw. die Frau!"

to choke the chicken / pet the snake	den (Piep-)Hahn würgen
to flip / to shake / to toss o.s. off	sich einen „schleudern"
to flog one's log / ... the dolphin	die Rute bzw. den Delphin „rütteln"
to jack off ◈ / **to meet Mr Tiny**	sich einen runterholen
to play with oneself	an sich herumspielen
to wank ◈	wichsen
wanker ◈	*heißt folglich Wichser*

Love & Sex

Love & Sex

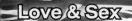

On special request — Diverses

backdoor service	Analverkehr
blowjob	Oralverkehr
buck's night	Junggesellenabschied
bush-buzzer	Vibrator
drag / draggie / drag queen	Mann in Frauenkleidern
fuck truck ⚑	ein zweckentfremdeter „Ute"
to give head / to go down on s.o. / to suck s.o.'s dick ⚑ / to blow	jem. einen „blasen"
to be kinky	pervers
knock-shop ⚑	Puff
nudie booth	Peepshow-Kabine
to be on the game	auf den Strich gehen, anschaffen
pervert / sicko	Perversling
pimp	Zuhälter
prossie	Abk. für prostitute - Hure
to race off	fremdgehen
red sails in the sunset / wet weekend / the big wet	die „Tage" (Menstruation)

Putting on the rough — Vom anderen Ufer

Wie in den meisten anderen westlich-orientierten Nationen, ist man der Homosexuellen-Szene im allgemeinen freundlich und tolerant gesinnt, was z.B. der alljährlich in Sydney zelebrierte **„Gay and Lesbian Mardi Gras"** beweist. Von „paradiesischen Zuständen" kann man aber nicht sprechen, denn die Vorurteile gegenüber Schwulen und Lesben nehmen zu, je weiter man sich von den Städten ins Landesinnere bewegt. Vor allem Tasmanien ist seit Sträflingszeiten für seine Anti-Schwulen-Haltung berüchtigt.

backdoor bandit / bum-burglar / bum-chum / chocolate dipper / corker fag / girls blouse / panty waist / pillow biter / poof / poofter / poo-jammer queer / queerie / Vegemite driller	← Schimpfworte für Schwule ⚑
to be camp / to shit broken glass ⚑	schwul
dyke ⚑ / leslie / lemon / lezzo	Lesbe
to muff-dive ⚑ / to muff-munch ⚑	lesbisch

Love & Sex

Having a Joey in the pouch
Nachspiel

to be preggie / to be preggers / to be banged up / knocked up / to be up the duff / up the spout / to be in the club to have a bun in the oven / to have a Joey in the pouch	schwanger Club der werdenden Mütter einen Braten in der Röhre haben bzw. ein Känguruh im Beutel
to drop a bundle / to drop a sprog	entbinden

Dirty Talk
Bad language & a bit of a barney

Wie der Name schon sagt, handelt es sich bei der Umgangssprache um ein informelles Verständigungsmittel, auf das die Menschen in alltäglichen Situationen gern zurückgreifen. Dass der zwischenmenschliche Umgang nicht immer herzlich verläuft, sondern mitunter auch in Streit oder körperlichen Auseinandersetzungen enden kann, ist wohl in jedem Sprach- bzw. Kulturkreis gleich. Bis es allerdings zum Äußersten kommt und man es tatsächlich schafft, einen Aussie auf die Palme zu bringen, muss im Vorfeld schimpfworttechnisch schon so einiges vorgefallen sein. Denn die Australier gelten schon seit Strafkoloniezeiten als sehr hart im Nehmen (aber auch im Austeilen), was Sie, werte Leser dieses Buches, nun aber nicht als Aufforderung zu hitzigen Wortgefechten mit Ihren Gastgebern auffassen sollten, um deren verbale Belastungsgrenze zu testen.

Bloody bastard!
Beleidigungen, Flüche, etc.

bastard	Mistkerl, Hurensohn, Scheiß-... Eines der am häufigsten benutzten Worte Down Under - hierbei muss es sich aber nicht zwangsläufig um eine Beleidigung handeln, sondern kann auch als Zeichen der Symphatiebekundung verwendet werden. Also immer auf den Kontext achten!
"What a bastard of a job!"	*„Was für ein Scheißjob!"*
bloody bastard ⚐	*Dreckskerl*
flash bastard	*Klugscheißer*
good old bastard	*Bez. für einen guten Kumpel oder Freund.*
bible-basher / creeping Jesus / God botherer / amen snorter	Bibel- bzw. Religionsfanatiker
bitch ⚐	Hure, Schlampe, Lästermaul
to bitch about s.o.	*über jem. lästern*

Dirty Talk

boofhead	abgemildertes Wort für Trottel
bloody	Das „uraustralische" Eigenschaftswort schlechthin. Da es beinahe inflationär und zu jedem sich bietenden Anlass benutzt wird, hat es im Laufe der Zeit an seiner ursprünglichen Brisanz verloren. Das Wort selbst hat mehrere Bedeutungen: Mist, verdammt, verlucht, Scheiß-... Wird immer öfter durch das universale **fuck** ♀ ersetzt.
"Bloody hot day today!"	*„Verdammt heißer Tag heute!"*
"Bloody good meal, Mrs. Jones!"	*„Das war ein Spitzenessen!"*
bludger ♀	Schnorrer, Parasit, Faulenzer
brown-nose / crawler / sucker	Arschkriecher, Schleimer
bullshit ♀	Scheiße, Mist, Schwachsinn
bullshit artist ♀ **/ bullshitter** ♀	Geschichtenerzähler, Lügner
bum ♀ **/ butt** ♀ **/ arse** ♀	Arsch
"Up your bum, son!" ♀	„Steck's dir sonstwohin!"
deadhead ♀	Schwachkopf
to be fucked in the head ♀	bescheuert, schwachsinnig
dero / mug / mug lair	Penner
dick ♀ **/ prick** ♀	Arsch, Idiot (eigentlich Schwanz)
dickhead ♀	Arschloch, Schwein
dill / drongo ♀	Idiot, Volltrottel
flaming	entschärft für: verflucht, verdammt
floater / nugget / scrubber	Schlampe, Flittchen
galah / yahoo / yobbo	Großmaul, Dummkopf
germ	Ekel, fiese Bazille

FOUR-LETTER WORDS

Auffälligerweise haben viele „schmutzige Wörter" in der englischen Sprache nur vier Buchstaben: **arse** ♀, **cunt** ♀, **dick** ♀, **fuck** ♀, **piss** ♀, **shit** ♀ etc. Da gerade dieses Vokabular im alltäglichen Sprachgebrauch häufig Verwendung findet, scheint sich das alte Sprichwort „In der Kürze liegt die Würze" zu bestätigen.

Dirty Talk

mongrel	Bastard, Köter, Hurensohn
nasty piece of work 🔊	Miststück
pie-eater	Verlierer, Ekelpaket
pig's arse / pig's bum	Schweinehund
poofter 🔊	Schwuler, Schwuchtel
scum-bag 🔊 **/ scum** 🔊	Scheißkerl, Abschaum, das Letzte
to be as ugly as a box of blowies	hässlich wie die Nacht
wanker 🔊	Wichser, Arschloch
"You're a waste of air / sperm!" 🔊	„Du verschwendest die Luft."

Hot under the collar
Wenn der Kragen platzt

Wer sich trotz Warnung mit dem vorangegangenen Vokabular nicht zurückhalten konnte, braucht sich nicht zu wundern, wenn die ansonsten sehr relaxten Aussies plötzlich Schaum vor dem Mund haben und, wie ein Dampfkessel bei Überdruck, kurz vor einer Explosion stehen.

to be apeshit / to be pissed off /	angenervt, sauer, wütend
to be nacked / to be half-cut /	
to be dark on s.th. / to be shirty	
to be around the twist /	durchdrehen, spinnen
to be gone round the bend /	
to be mad as a cut snake	
to go bananas / to go berko /	ausrasten (u.a. auch gewalttätig
to go berserk / to go bonkers /	werden), sich abreagieren
to go butchers / to kick a brown dog /	
to spit the dummy /	
to do one's block / lolly / nana	
to be cranky / narkie / niggly /	schlecht gelaunt, gereizt, muffelig
sarky / stroppy	
basket case	ein Fall für die „Klappsmühle"
to chuck a darkie / spass / wobbly	einen Wutanfall kriegen

> **"MAY YOUR EARS TURN INTO ARSEHOLES**
> **AND SHIT ON YOUR SHOULDERS!"**

Dirty Talk

Dirty Talk

"He's got the Darling Pea!"	„Er ist völlig durch den Wind!" (Darling Pea ist eine giftige Pflanze, die bei Tieren zu seltsamem Verhalten führt.)
to drive s.o. nuts / to give s.o. the shits / to get on s.o.'s back / to get on s.o.'s nose / to chiac s.o.	jem. wütend machen, reizen, auf die Nerven gehen
"I've got the shits!"	*„Jetzt bin ich echt sauer!"*
to have a snout on s.o. / to have a bone to pick with s.o.	auf jem. wütend sein, mit jem. ein Hühnchen zu rupfen haben
to be hot under the collar	in „Kragenplatz-Stimmung" sein
to stir	Unruhe stiften, jem. ärgern, reizen
to stir the possum	*übertragen: mit dem Feuer spielen*
stirrer	Unruhestifter, Störenfried
shit-stirrer	Steigerung des klassischen Quälgeistes: Jemand, der einem grundsätzlich jedes Wort im Mund umdreht oder selbiges auf die Goldwaage legt (meistens beides zusammen), in der Hoffnung, einen Streit vom Zaun zu brechen oder sein Gegenüber zu demotivieren.

Going to buggery
Verschwindibus Verpissikowski

Um in der Metapher mit dem Dampfkessel bei Überdruck zu bleiben, besteht meist noch eine Möglichkeit, den „großen Knall" abzuwenden, nämlich das Sicherheitsventil zu betätigen. Im umgangssprachlichen Sinne versteht man darunter mehr oder weniger herzliche Aufforderungen an seinen Kontrahenten, doch bitte schnellstmöglich den Ort des Geschehens zu verlassen und sich wieder ganz seinen Angelegenheiten zu widmen...

"Beat it!" / "Bugger off!" / "Go to buggery!" / "Bunk off!" / "Fuck off!" / "Get lost!" / "Get knotted!" / "Go and have a roll!" / "Nick off!" / "Piss off!" / "Rack off!"	„Verpiss dich!", „Zieh' Leine!"

Dirty Talk

"Belt up!" / "Can it!" / "Go and bite your bum!" / „Shut your cakehole!"
„Schnauze!", „Halt's Maul!"

"Don't come the raw prawn with me!"
„Komm' mir nicht auf die Tour!"

"Don't mess around with me!" / "Don't fuck with me!"
„Leg dich nicht mit mir an!", „Hör auf, mich zu verscheißern!"

"Get off me back!"
„Geh mir nicht auf die Nerven!"

"Pull your head in, mate!" / "Don't stick your nose in my business!"
„Kümmer' dich gefälligst um deinen eigenen Kram!"

Hitting the breadbasket
Handgreiflichkeiten

Sind alle Versuche beschwichtigender Diplomatie auf verbaler Ebene gescheitert, steht den (meist männlichen) Streithähnen ein „körperliches Kräftemessen" bevor, das hinterher in vielen Fällen in einem bierseligen Verbrüderungsritual seinen Abschluss findet.

to beat the living daylights out of s.o. / to beat the shit out of s.o. / to give s.o. Bondi
jem. windelweich prügeln

barney / biffo / boil up / brawl / punch up / scuffle / stoush / strife / tiff
brawler
Handgemenge, Schlägerei
Schläger

blue
to bung on a blue
Kampf oder auch (Wett-)Streit
einen Streit anzetteln

bodgie / widgie
Halbstarker bzw. weibl. Pendant

"He's built as a brick shithouse."
„Er ist groß und kräftig!"

Dirty Talk

chicken / piker / possum guts / rabbit / sook / wimp	Angsthase, Feigling, Memme
to clobber s.o. / to bash s.o. up / to smack s.o. up	jem. verkloppen, vermöbeln
smack	*Klatscher, Ohrfeige*
to conk s.o. / to hit s.o.	jem. schlagen
ding-dong / rumble	Massenschlägerei
to be done like dinner	krankenhausreif
to front s.o. / to have s.o. by the balls / ... by the short and curlies	sich jem. vornehmen; jem. in die Enge treiben
to have a shot at s.o.	jem. (verbal) fertigmachen, angreifen
a hit in the breadbasket	Schlag in die Magengrube
hoon / larrikin	Halbstarker, Randalierer, Rowdy
larrikinism	*Vandalismus*
"I'll job you!"	„Ich hau' dir was auf die Fresse!"
king hit	K.O.-Schlag
to knock s.o. down	jem. niederschlagen
knuckle sandwich / punch / bunch of fives	Faustschlag
to put the boots in s.o.	jem. treten, der am Boden liegt
to rearrange s.o.'s face	jem. das „Gesicht richten"
rough up	äußerst brutale Schlägerei
"It's roughing up."	*„Es gerät außer Kontrolle."*
to rough s.o. off	*jem. halbtot schlagen*
shirt tearing	harmloses Gerangel im Pub

Australische Küche
Having a bit of a nosh

Noch bis Mitte des 20. Jahrhunderts hatte die australische Küche den Ruf, lediglich ein Ableger der angelsächsischen „Kochkunst" (hüstel) zu sein. In der Tat bestand das große Manko lange Zeit darin, zu starr an den traditionellen Essgewohnheiten des ehemaligen Mutterlandes festzuhalten, anstatt die Zubereitung der Gerichte (sowie die Auswahl der Nahrungsmittel) den klimatischen Gegebenheiten und den daraus resultierenden Bedürfnissen des Körpers anzupassen. Mittlerweile, so scheint es, hat in vielen australischen Köpfen die kulinarische Vernunft gesiegt, auch wenn es sicherlich noch den einen oder anderen geben mag, der selbst bei 40 Grad im Schatten nicht auf den „obligatorischen" Weihnachtstruthahn verzichten kann.

Australische Küche

Trotz des Einflusses internationaler Kochkunst wirft man der „Australian Cuisine" aber weiterhin Einfallslosigkeit vor. „Da haben sie schon die besten Zutaten – den frischesten Fisch, das saftigste Fleisch und Obst und Gemüse in Hülle und Fülle – aber sie wissen einfach nicht, wie man es zubereitet." hört man des öfteren verzweifelte Gourmets aus aller Welt seufzen. Nun, im großen und ganzen entspricht dies auch der Wirklichkeit. Aber Ausnahmen bestätigen bekanntlich die Regel: Liebhaber von **Meeresfrüchten** und **Fischgerichten** sei der Gang in ein Seafood-Restaurant wärmstens empfohlen, denn die Auswahl und Qualität der angebotenen Krebse, Fische und Muscheln ist Weltspitze (was sich natürlich auch im Preis bemerkbar macht). Probieren Sie doch einfach mal die schmackhaften **Yabbies** (kleine Flußkrebse) oder den in nördlichen Gewässern beheimateten **Barramundi**, der als absolute Delikatesse gilt.

An die typisch australische Alltagskost hingegen dürfen Feinschmecker keine allzugroßen Erwartungen stellen. Denn hier steht nach wie vor das Motto „Hauptsache, es macht satt!" an erster Stelle: Quantität vor Qualität also. Dass man seinem Gaumen damit nicht immer eine Freude bereitet, ist vielen Australiern durchaus bewusst; sagte man doch dem traditionellen „Sonntagsbraten" (**Baked Dinner**) jahrzehntelang selbstironisch nach, er würde braune Hunde zum Ersticken bringen.

In einem Land, in dem Millionen von Schafen und Rindern zu Hause sind, stehen natürlich Fleischgerichte ganz oben auf der Speisekarte. Gewöhnlich sind das vor allem **tellergroße Steaks**, **Lammbraten** oder **Würstchen** vom Grill. Als uraustralisches Nationalgericht gilt **Steak and 3 veg**, ein T-Bone-Steak, welches wahlweise mit Spiegelei oder gebackenen Bohnen und mit etwas Grünzeug als Beilage angeboten wird.

Den gleichen Stellenwert wie etwa „Pommes mit Currywurst" bei uns haben die sog. **Meat Pies** in Australien. Per Definition handelt es sich um Teigtaschen, die mit Fleisch (populär sind z.B. Steak und Niere oder Hackfleisch), etwas Gemüse und deftiger Bratensoße gefüllt sind. Gegessen, besser gesagt verschlungen werden die auch als „Fliegenteppiche" bekannten Snacks grundsätzlich heiß, oft nachdem man sie zuvor in einer Sturmflut Tomatenketchup ertränkt hat. An kulinarischer Grausamkeit wohl kaum zu überbieten – zumindest für ausländische Besucher –, werden Meat Pies in Adelaide in einem Brei aus zerquetschten Erbsen serviert. Das Ganze nennt sich dann **Floater** und schmeckt nicht so scheußlich, wie es zunächst aussieht. Wohl bekomm't's!

Australische Küche

Leute mit einem süßen Zahn sollten unbedingt eine **Pavlova** probieren. Benannt nach der berühmten Ballerina, handelt es sich bei diesem Dessert um ein ultrasüßes Baiser-Törtchen, das mit frischen Früchten, Schlagsahne und Puderzucker garniert wird.

Etwas, das auf keinem australischen Frühstückstisch fehlen darf, ist **Vegemite**. Ursprünglich ein Abfallprodukt bei der Bierherstellung, hat sich diese salzige, schwarzbraune Hefepaste seit den 20er Jahren zum beliebtesten Brotaufstrich des Fünften Kontinents gemausert – quasi als australisches Pendant zu unserer „Nutella". Geschmacklich erinnert Vegemite stark an „Maggi" und sollte vor allem beim erstmaligen Probieren nicht zu dick aufgetragen werden. Auf meine Frage, warum Vegemite sich einer solch großen Fangemeinde erfreut, antwortete mir eine Freundin: „Aussies are born with Vegemite in their genes!"

Etwas exotischer und sicherlich nicht jedermanns Sache ist das sogenannte **„Bush Tucker"** – also Tiere und Pflanzen, die den Aborigines schon seit einigen tausend Jahren als Nahrungsquelle dienen, aber auch von den ersten weißen Siedlern gegessen wurden. Wer es sich zutraut, kann sich an den **Wichetty Grubs** versuchen - eine sehr schmackhafte Raupenart, die bei den Ureinwohnern als Snack beliebt ist und häufig lebendig verzehrt wird. Ausgesprochen lecker ist auch das in der Asche eines Lagerfeuers gebackene **Damper** (Buschbrot).

Känguruhfleisch war eine zeitlang sehr angesagt – besonders bei Touristen. Als die Abschlachtung des Wappentiers jedoch Überhand zu nehmen schien, schränkte die australische Regierung die Verwertung zu Konsumzwecken wieder ein. Der Verzehr ist heutzutage lediglich in Südaustralien und im Nordterritorium erlaubt, der Rest landet in ausländischen Kochtöpfen.

Australische Küche

Eine immense Bereicherung seiner Esskultur erfuhr Australien, als nach dem Ende des Zweiten Weltkriegs viele europäische Einwanderer ins Land strömten und glücklicherweise ihre Kochkünste durch den Zoll bekamen. Eine weitere große Immigrationswelle, diesmal verstärkt aus dem asiatischen Raum, folgte in den 70er Jahren. Somit ist das Essen auf dem Fünften Kontinent zu einem multikulinaren Erlebnis geworden. Besonders in den Metropolen Sydney und Melbourne ist die Anzahl an **Restaurants**, die Speisen aus aller Herren Länder anbieten, mittlerweile unüberschaubar. Aufgrund der etwas komplizierten Alkoholgesetze in Australien werden Restaurants im allgemeinen in drei Hauptgruppen unterteilt: **fully licensed** (Alkoholauschank), **BYO** (Alkohol ist selbst mitzubringen) und **not licensed** (Alkohol ist nicht erlaubt).

Die Ausbreitung internationaler **Fastfood-Ketten** wie Burger King (heißt Down Under Hungry Jacks), McDonald's, Pizza Hut oder KFC hat natürlich auch in Australien nicht halt gemacht. Der Konkurrenzkampf hat inzwischen „amerikanische Dimensionen" angenommen, und so wird mit Minipreisen und „All you can eat-"Angeboten um jeden hungrigen Magen geworben.

Als Alternative zu den Junk-Food-Tempeln bieten sich für Schnellesser die ebenfalls sehr zahlreich vertretenen **Delis**, **Fish-and-Chips-Läden** und **Take Aways** an, welche natürlich zur Mittagszeit Hochbetrieb haben. Preiswerte Sattmacher sind außerdem die sogenannten **Counter Meals**, die durchgehend in vielen Pubs, Hotels und RSLs angeboten werden.

Trotz dieser recht vielfältigen Möglichkeiten, auswärts zu essen, nehmen die Aussies oftmals selbst das Zepter bzw. die Zange in die Hand und gehen einer ihrer Lieblingsbeschäftigungen nach – dem **Barbeque** (kurz: BBQ oder Barbie). Denn ist man nicht am Strand oder im Pub, wird gegrillt, was das Zeug hält. Neben Steaks und Würstchen werden häufig auch Fische, Garnelen und Gemüse auf die „heißen Eisen" geworfen. Natürlich dürfen auf einer echten australischen Grillparty zwei Dinge nicht fehlen: Eiskaltes Bier aus dem „Esky" und ein gigantischer Schwarm lästiger Fliegen.

Australische Küche

all you can eat	Ein Preis = Essen bis zum Platzen
avo	Abk. für avocado
baked dinner	Der traditionelle „Sonntagsbraten": geröstete Lammkeule in Pfefferminzsauce mit Kartoffelbrei, Erbsen und Möhren.
banger / snag / snorker	Bratwurst - In der Metzgerei sagt man lieber „sausage".
"Toss another snag on the barbie."	„Leg' noch 'ne Wurst auf den Grill!"
barbeque / barbie / BBQ	Grill oder Grillparty

billy / billy-can	Blechbüchse oder kleiner Eimer, in dem (über einem Lagerfeuer) Tee zubereitet wird; in der Küche: kettle
to put the billy on / to boil the billy	einen Kessel Wasser aufsetzen; einen Tee kochen
bikkie	Abk. für biscuit - Keks

Australische Küche

to bog in	reinschaufeln, zuschlagen, fressen
"2, 4, 6, 8 - bog in, don't wait!"	*australisches Tischgebet (unfein!)*
brew	Gebräu (meist Tee oder Kaffee)
"Bring a plate!"	Wird gesagt, wenn man etwas zu einer Party oder einem Barbie mitbringen soll, z.B. einen Salat.
bush tucker	Oberbegriff für alles, von dem man sich im Outback ernähren kann.
bushman's brekkie / dingo's breakfast / duck's dinner	Sagt man, wenn nichts Essbares mehr im Haus ist.
"A spit, a piss & a good look around!"	

„BUSHMAN'S BREKKIE"

Australische Küche

BYO / B.Y.O.G.	"Bring your own grog!" - für Alkohol ist selbst zu sorgen (auf Parties sowie in einigen Restaurants)
cackle-berry / goog	Ei
carpetbagger steak	Steak, mit Austern gefüllt
cereals	Cornflakes, Haferflocken
cheerio / little boy	Cocktailwürstchen
chew & spew	Fast Food
chewie	Abk. für chewing gum; Kaugummi

MAHL & ZEIT

brekkie	Abk. für breakfast und Down Under eine sehr reichhaltige Angelegenheit, da man auf etwas „Anständiges" bis zum Abend warten muss.
morning tea / smoko	2. Frühstück bzw. Raucherpause
lunch	Mittagessen (kleine Snacks, etc.)
afternoon tea	vergleichbar mit dem britischen „5 o'clock tea", Zwischenmahlzeit
tea	Abendessen - meist warme Hauptmahlzeit
supper	2. Abendessen, aber nicht mit allzu großem Aufwand verbunden

chockie	Abk. für chocolate; Schokolade
to choke a brown dog	ungenießbar, schwer verdaulich
chook / chookie	Geflügel, z.B. Hähnchen
cockie's joy	Rübensirup
corkage fee / cork fee	kleiner Obulus in BYO-Restaurants
counter meals	„Thekenfutter" - Essen im Pub
cuppa	Abk. für: a cup of tea / coffee
cut lunch / sammie / sammich / sanger	gebräuchliche Abkürzungen für Sandwiches
damper	Klassisches „Bush Tucker", wird heutzutage auch in einigen Restaurants angeboten.

Australische Küche

dead horse	Tomatensoße oder Ketchup
Delicatessen / Deli	kleines Bistro
dingo	1. unerwarteter Gast
	2. schlechte Tischmanieren

to eat as delicately as a starved dingo
"Haven't they fed the dingos lately?"

dodger	Brot
a hunk of dodger	eine Scheibe Brot
doggie bag	So heißen die Plastikbeutel, in denen man all das, was man im Restaurant nicht verzehrt hat, mitnehmen kann.
esky	ein Kühlbehälter (Bier!)
fang / lunch	kleiner Snack zur Mittagszeit
feed / spread / a rich meal	sehr reichhaltige Mahlzeit oder eine große Portion
flake & chips	austr. Variante zu "Fish & Chips" - flake ist frittiertes Haifisch-Filet
floater	Fleischpastete, die in einem Teller mit Erbsenbrei serviert und mit literweise Ketchup ertränkt wird.
fly cemetary	Rosinenkuchen oder -brot; Meat Pie
French fries	Pommes Frites
fridge	Abk. für refridgerator - Kühlschrank
fruiterer	Obst-/Gemüseverkäufer
grub / nosh / tucker	allg. für Nahrungsmittel oder Mahlzeit; ein "grub" ist außerdem ein Fresssack.
"Go eat some grub!"	*"Komm, iss erstmal was."*
to hop into the grub	*sich aufs Essen stürzen, schlingen*
icy-pole	Eis am Stiel
jaffle	geröstetes Brot
Lamington	würfelförmiger Biskuitkuchen mit Schokoüberzug und geraspelten Kokosflocken

Australische Küche

"I could eat a horse and chase the jockey."	„Ich komme fast um vor Hunger."
lollies	Süßigkeiten
Maccas / McVomit's	McDonald's
marge	Margarine
meat pie / mystery bag / fly carpet / dog's eye	heiße Teigtasche mit geheimnisvoller Füllung
to be as Aussie as a meat pie	*typisch australisch*
pie-eater	Kostverächter, Anti-Gourmet
mintie	Pfefferminzbonbon
moo-juice	Milch (Kindersprache)
munchies	Sammelbegriff für alles, was klein ist und dick macht - z.B. Schokoriegel, Kartoffelchips, etc.
mushies	Pilze (mushrooms)
Pavlova / Pav	Baiser-Törtchen mit Schlagsahne und Früchten (beliebtes Dessert)

Australische Küche

paw-paw	Papaya (Frucht)
Queensland nuts	Macadamia-Nüsse
scallops	Kartoffelpuffer
spag bol	kurz für: Spaghetti Bolognaise
spuds	Kartoffeln
steamer	Gulasch
strawbs	Erdbeeren
tinned dog	Corned Beef
tucker	allg. für Essen, Nahrung, Mahlzeit
tucker-bag / dilly-bag	*Brotdose*
tucker-chute	*Mund, Knabberleiste*
tuck-shop	*Kantine oder Kiosk an Schulen*
tucker-time	*Essenszeit*
"Tuck in!"	*„Hau rein!"*
Twisties	geröllte Käsechips
underground mutton	„Erdhammel" (Kaninchen)
Vegemite	Brotaufstrich aus Hefekonzentrat
veggies	Abk. für vegetables - Gemüse
veggo	Vegetarier/in
yuk / yukky	igitt
yummy	lecker

AUS NEPTUNS GARTEN

barra / Barramundi	Süßwasserfisch (Delikatesse)
Balmain Bugs	kleine Krustentiere (Queensland)
cray / crayfish	Langusten
lobster	Hummer
muddies	Mangrovenkrabben (mud crabs)
mussles	Miesmuscheln
nippers / yabbies	Flusskrebse
oysters	Austern
prawns	Garnelen
scallops	Kammuscheln
squids	kleine Tintenfische

Pub-Slang
When the grog begins to flow

Spricht man Down Under von **booze**, **grog** oder **turps**, dann ist Alkohol damit gemeint. Und der nimmt, obwohl nicht überall zu haben, eine nicht unerhebliche Stellung im gesellschaftlichen Leben vieler Australier ein. Das soll natürlich nicht heißen, dass der Fünfte Kontinent ein Tummelplatz für Alkoholiker ist, jedoch sind die Aussies international für ihre Trinkfreudigkeit bekannt (u.a. als Stammgäste auf dem Münchner Oktoberfest), was auch durch eine Vielzahl an speziellen Slangausdrücken belegt wird.

Besonders ein Gebräu hat es dabei den Sonnenverwöhnten angetan - das **Bier**. Von den einen schlicht **piss** oder **lunatic soup** genannt, von den anderen als **liquid amber** (flüssiger Bernstein) vergöttert, ist es schon seit frühen Siedlertagen das beliebteste und folglich am meisten konsumierte Getränk der Nation.

Wein hat speziell in den letzten Jahren enorm an Popularität gewonnen und wird gern zum Essen getrunken oder auf Grillparties ausgeschenkt. Unterschieden wird zwischen den sogenannten **„generic wines"** (recht süffige Tafelweine), die oft portemonaieschonend in 5-Liter-Kartons oder großen Flaschen angeboten werden, und den **„varietal wines"** (Qualitätsweine). Letztere liegen im Preisniveau deutlich höher und werden nach europäischem Vorbild gemäß Traubensorte, Jahrgang und Anbaugebiet etikettiert.

Pub-Slang

Hochprozentiges wie Schnaps oder Whisky kostet in Australien ein kleines Vermögen, da man bis auf einige Liköre und den in Queensland hergestellten **Bundaberg Rum (Bundy)** alles aus dem Ausland einführt. Daher wird nur zu besonderen Anlässen mal ein „guter Tropfen" aufgemacht. In Kneipen und Bars trinkt man vorwiegend Cocktails nach internationalen Rezepten oder abenteuerliche Mischungen aus Bier und Whisky (boilermaker).

Nicht wegzudenkende Einrichtungen des öffentlichen Lebens sind die **Pubs**. Hier tauscht man Neuigkeiten aus, schaut sich Pferderennen oder Cricketspiele an und trifft sich mit seinen Kumpels auf ein Bier (bei dem es fast nie bleibt). Auffällig dabei ist, dass das Trinken nach wie vor eine Männerdomäne zu sein scheint - zumindest in einigen Provinzkneipen kann es vorkommen, dass man kaum Frauen antrifft (wenn doch, dann meist nur hinter der Theke).

HOTELS IN AUSTRALIEN

Aufgepasst - bei einem **Hotel** kann es sich Down Under auch um eine Kneipe handeln, da man früher nur eine Ausschanklizenz bekam, wenn man auch gleichzeitig Übernachtungsmöglichkeiten stellen konnte. Also bitte nicht wundern, wenn man Ihnen in manchen Hotels kein Zimmer gibt, sondern stattdessen fragt, ob Sie etwas trinken möchten.

Ist man allein, so dauert es in der Regel nicht lange und man befindet sich mit einem Bier in der Hand inmitten einer geselligen Gruppe waschechter Aussies wieder - der sogenannten **School**. Doch aufgepasst: Tritt diese Situation ein, nehmen Sie bereits Teil am australischen **„Pub-Ritual"**, einer Art Rollenspiel, welches traditionell nach bestimmten Regeln verläuft und auch durchaus ernst genommen wird. Um diese ungeschriebenen Gesetze und Gewohnheiten zu verstehen, ist ein Blick in die Vergangenheit unerlässlich.

Ein wichtiges Merkmal beim Besuch eines Aussie Pubs ist das **Shouting**, das Spendieren eines oder einer Runde Drinks. Der Ausdruck **„to shout someone a beer"** hat seinen Ursprung in den eigentlich nicht so goldenen Tagen des australischen Goldrausches Mitte des 19. Jahrhunderts. Stieß man auf das begehrte Edelmetall, galt es als selbstverständlich, dass man seine Kumpels und Mitstreiter zu einem Bier einlud. Natürlich

Pub-Slang

konnte wegen der Größe der Goldfelder nicht immer jeder zur Stelle sein, und so schrie (to shout = schreien) man solange, bis auch der letzte wußte, dass es Freibier gab. Soziologisch betrachtet ist das Shouting für die Australier eine Art „Freundschaftsbeweis", ein „sich auf eine Stufe stellen".

Dass man angesichts der hohen Temperaturen auf dem Roten Kontinent lieber ein eiskaltes Bier bevorzugt, kann sich jeder selber denken. Was aber bringt viele Aussies dazu, den Gerstensaft in einer unglaublich rasanten Geschwindigkeit hinunterzuspülen? Auch hier liegt die Ursache in der Geschichte begründet: Während des ersten Weltkriegs wurden in Australien verstärkt Stimmen laut, die sich gegen übermäßigen Alkoholkonsum und daraus entstehenden Vandalismus aussprachen. Der Druck auf die Regierung wuchs, und es musste eine Entscheidung getroffen werden. Den Gedanken an ein generelles Alkoholverbot (Prohibition), so wie es in den USA durchgesetzt wurde, verwarf man aber schnell - aus Angst vor einer ansteigenden Kriminalitätsrate. Also ließ man kurzerhand die Kneipen um 6 Uhr abends schließen, was den legendären **„Six o'clock swill"** zur Folge hatte:

Sofort nach Feierabend stürzte sich das Gros der australischen Männer in den nächstgelegenen Pub, um ihrer bierdurstigen Kehle wenigstens ein golden amber zu gönnen. Die Pubs verloren dadurch ihren gemütlichen Charakter und glichen eher massenabfertigenden Trinkhallen - „Schütten

Pub-Slang

unter Zeitdruck" statt Biergenuss. Wände wurden herausgerissen, Theken verlängert, Böden und Tresen mit Linoleum verkleidet, weil viele aus Angst, ihren Platz zu verlieren gleich an Ort und Stelle urinierten. Nach 6 Uhr abends griffen die Wirte dann zum Wasserschlauch, um den Laden für den nächsten Tag wieder „betriebsbereit" zu machen. Dieses Gesetz blieb bis Mitte der 50er Jahre (in einigen Bundesstaaten sogar bis 1967) bestehen und ist selbst heute noch in vielen (männlichen) australischen Köpfen fest verankert, was sicherlich auch einige, uns seltsam anmutende Trinkgewohnheiten erklärt.

Pub-Slang

Tubes or stubbies?
Im Schnapsladen

Dass Australien, was den Pro-Kopf-Bierkonsum angeht, zu den Top Ten in der Welt gehört, ist ein Kuriosum für sich. Denn im Gegensatz zu Deutschland ist Alkohol auf dem Fünften Kontinent längst nicht überall zu haben, sondern wird lediglich in Pubs und lizensierten Restaurants ausgeschenkt. Für den Straßenverkauf sind die so genannten **Bottle Shops** (kurz: **Bottlos**) oder **Liquor Stores** zuständig, die meist einer Kneipe oder einem Einkaufszentrum angegliedert sind. Mittlerweile gibt es sogar Drive-In-Schnapsläden, bei denen man (wie es bei einigen Fastfood-Ketten der Fall ist) die Bestellung direkt ans Auto oder sogar in den Kofferraum gebracht bekommt, ohne selbst aussteigen zu müssen. Durst macht eben erfinderisch!

bombo / goonie / plonk / slops / snake's piss / steam / suds	billiger „Fusel", meist Wein
booze / grog / piss / turps	gebräuchliche Begriffe für Alkohol
Bundy	kurz für Bundaberg Rum - aus der Zuckerrohrregion Queenslands
carton / crate / slab	Karton bzw. Kiste mit 24 Dosen oder Flaschen (kein Pfand!)
cask wine / Chateau Cardboard	Wein aus dem 5l-Karton (mit eingebautem Zapfventil)
Darwin stubbie	die „Killer-Bierflasche" (2 Liter!)
four-penny dark / Nelly / Red Ned	billigster Rotwein (Qualität u. Preis)
Gee & Tee / grin and chronic	Gin Tonic
hair of the dog / jollop / virgin's ruin	Hochprozentiges, z.B. Whisky
lolliewater	„Bonbonwasser" (Softdrinks)
long-neck / rabbit / tallie	große Bierflaschen (750 ml)
port	Portwein
sixer / six-pack	Sechserträger
stubbie	Bierflasche (375 ml)
tinnie / tube	Bierdose
vino	allg. Ausdruck für Wein - aus dem Italienischen übernommen

Pub-Slang

Going to the pub
In der Kneipe

Für Joe Blow, den „Otto-Normal-Aussie", ist der regelmäßige Kneipenbesuch nicht nur eine beliebte Freizeitbeschäftigung, sondern etwas, das zum Alltag gehört wie das Salz in die Suppe. Beim Pubbing geht es jedoch nicht ausschließlich um den Konsum von Alkohol, sondern auch darum, das Bedürfnis nach Geselligkeit zu befriedigen – also Klatsch auszutauschen, sich Sportereignisse anzuschauen oder eine Partie Pool zu spielen... und „so ganz nebenbei" mit seinen Mates ein oder auch ein paar Bierchen zu trinken. Die nun folgenden Seiten sollen Ihnen einen Überblick über das Vokabular verschaffen, mit dem man beim Besuch einer Kneipe konfrontiert werden kann.

awning over the toyshop / beer-belly / beer-gut	Bierbauch - Indikator für regelmäßigen Bierkonsum
boiler-maker	Gemisch aus Bier und Whisky
boozer / pisser / Rubbity Dub / waterhole	allg. für Pub, Kneipe
local boozer	*die örtliche Stammkneipe*
to go down the waterhole	*in den Pub gehen*
blow-in / ring-in	Neuling im Pub, Fremder
the boys / school	Die „Jungs", mit denen man sich regelmäßig zum Trinken trifft - also der Stammtisch.
"Bottoms up!" / "Chuck-a-lug!" / "Down the hatch!" / "Skull!"	„Ex und hopp!"
coaster / slate	Bierdeckel
"Put it on the slate, mate."	*„Schreib's an!" (Unüblich, da meist straight cash kassiert wird.)*
"Cheers!"	„Zum Wohl!"
to crack a tinnie / a tube	eine Dose Bier aufmachen
to dip out (on a round) / to give it a miss	eine Runde aussetzen
to drag the chain / to sit on a beer	hinterherhinken, langsam trinken
chain-dragger	Jemand, der eine Ewigkeit braucht, um sein Glas zu leeren.
"I could go another one!"	„Könnte noch ein Bier vertragen!"

Pub-Slang

to drink with the flies /	allein trinken, außen vor
to be on the outer	
a drop of the perch	ein Glas Bier
to be dry as a bone	durstig („knochentrocken")
"My tongue's hanging out!"	„Ich komme um vor Durst!"
to go Dutch / Yankee shout	Jeder zahlt sein Getränk selbst.
to grog with one's mates	sich mit den Kumpels besaufen
heart starter	Der erste alkohol. Drink am Tag, damit das Herz in Schwung kommt.
"Here's to..."	„Auf...!" (Trinkspruch)
to hop into the booze /	sich vollaufen lassen
to get amongst it	
to kick on	unbesorgt weitertrinken (das Geld reicht noch für die nächste Runde)
last order / last round	letzte Bestellung (Sperrstunde)
liquid lunch	Biertrinken zur Mittagszeit
lurk / sip	Schluck
to lurk s.th. down	*etw. hinunterstürzen*
"May I have a sip?"	*„Darf ich mal probieren?"*

Pub-Slang

to be on the grog / on the piss / on the shicker / on the turps	sich betrinken, auf Sauftour gehen; gewöhnlich am Wochenende
"Pasta flagon, mate!"	„Es ist reichlich Bier da."
"Pleasethanks!"	Höflichkeitsfloskel - beim Bestellen folgt auf das „Bitte" gleich das „Danke". (nicht nur im Pub)
piss-up / swill-on / bender	Besäufnis, Party
pub bore	Langweiler oder Anti-Alkoholiker
pub crawl	Die große Kneipentour vor Weihnachten; es wird von Pub zu Pub gezogen, so dass man sich später nur noch kriechend fortbewegen kann (kriechen = to crawl).
pub flies / bar flies	Ältere Herren, die den ganzen Tag schwatzend vor dem Pub verbringen und hoffen, dass etw. passiert.
to shout s.o. a beer	jem. ein Bier ausgeben
"Wouldn't shout if a shark bit him."	*Fällt dieser Satz im Pub, gefolgt von einem Klaps auf die Schulter und erwartungsvollen Blicken der Herumstehenden, weiß man, auf wessen Rechnung die nächsten Drinks gehen.*
to sink some beers	ein paar Bierchen „kippen"
sundowner	der wohlverdiente Feierabenddrink
"Tides gone out."	„Komisch, das Glas ist leer."
"Weak as cat's piss."	„Da ist ja kaum Alkohol drin."
"Wouldn't mind a drop."	„Könnte nun ein Bier vertragen."
"You can't walk on one leg."	Einladung zu einem weiteren Drink

Pub-Slang

Liquid amber
B-I-E-R

Für einen deutschen Reinheitsgebot-Fanatiker ist der erstmalige Konsum eines **Aussie Beers** sicherlich eine gewöhnungsbedürftige Angelegenheit. Es schmeckt halt einfach etwas anders und „leichter" als zu Hause, und die uns so vertraute Schaumkrone fehlt gänzlich. Dies liegt u.a. in dem sehr chemielastigen Brauverfahren begründet, welches schon nach wenigen Stunden zu einem trinkbaren Ergebnis führt. Ohne Millionen von biertrinkenden Südländern kollektive Geschmacksverirrung unterstellen zu wollen, liegen die meisten australischen Biere geschmacklich sehr dicht beieinander, was eine Unterscheidung nahezu unmöglich macht. Eines jedoch haben alle Biere gemeinsam: Man trinkt sie eiskalt und schnell. Die bekanntesten Marken sind **XXXX** (gesprochen: four ex), **Foster's, Toohey's, Cascade, Resch's** und **Swan Lager**. Für welches Gebräu man sich letzten Endes entscheidet, ist jedem selbst überlassen - reine Geschmackssache also. Für den Australier ist dies meist eine Frage der Region, in der er lebt. Eine Marke, die sich bei vielen Aussies größter Beliebtheit erfreut, ist **Victoria Bitter**, liebevoll auch **VB** oder **Vitamin B** genannt.

> "WHY DO BANANA BENDERS CALL THEIR BEER XXXX?"
> "BECAUSE THEY CAN'T SPELL BEER!"

Pub-Slang

Grundsätzlich unterscheidet man folgende **Biersorten**:

ale	obergäriges, dünnes Bier
bitter	wie der Name schon sagt
boutique beer	„Selbstgebrautes" aus dem Pub
ice beer	unter Minusgraden gefiltert
lager	ein „Helles" - das australische Standardgebräu
light	50% weniger Alkoholgehalt
pilsener	ein Pils
shandy	Alsterwasser, Radler
stout	dunkles Bier mit starkem Hopfengeschmack
wheat beer	Weizenbier (für die bayerischen Leser: Weißbier) gibt es auch Down Under, wird aber selten getrunken.

Einige Vokabeln, die man in Zusammenhang mit Bier öfters hört:

coldie	ein eiskaltes Bier
dead marine / dead sailor	leere Bierflasche
deep sinker / sleever	längliches Bierglas
esky	tragbare Kühlbox - darf bei keinem „echten" Barbie fehlen
handle	Glas mit Henkel
jug	eine „Maß" (1-Liter-Glaskrug)
keg	kleines Bierfaß
"Let's chuck in for a keg."	*„Lasst uns etwas Kohle für ein Fäßchen Bier zusammenschmeißen."*
Lady Blamey	Glas, das aus dem unteren Ende einer Bierflasche gefertigt ist

Pub-Slang

lady's waist	Ein Glas, dessen Form an eine weibliche Taille erinnert.
on tap	vom Faß, gezapft
stein	Steinkrug
stubbie holder	Bierflaschenhalter - eine Hülle (in der der Regel aus Neopren oder Holz), die beim Trinken eines eiskalten Bieres die Hände schonen soll - und natürlich das Getränk kalt hält.

Ob in der Metropole Sydney, im Outback oder auf der „Apfelinsel" Tasmanien - wenn es um das Biertrinken geht, sind sich alle Australier einig. Doch wenn die Frage nach dem „Wieviel" auftaucht, sind Hopfen und Malz verloren. Jeder Bundesstaat hat nämlich seine eigenen **Maßeinheiten**:

QUEENSLAND		NORTHERN TERRITORY	
Pony	140 ml	Six	200 ml
Glass	225 ml	Seven	285 ml
Pot	285 ml	Handle	425 ml
Schooner	425 ml	Darwin Stubbie 2000 ml (!!!)	
NEW SOUTH WALES / ACT		**VICTORIA**	
Seven	200 ml	Lady's Waist	140 ml
Middy	285 ml	Small Beer	170 ml
Schooner	425 ml	Glass	200 ml
Pint	575 ml	Pot	285 ml
WESTERN AUSTRALIA		**SOUTH AUSTRALIA**	
Shetland Pony	115 ml	Butcher	200 ml
Pony	140 ml	Schooner	285 ml
Bobby / Glass	200 ml	Kite / Pint	425 ml
Middy	285 ml	Pot / Ten	425 ml

Auf Tasmanien wird in Ounces bestellt (1 fluid oz. = 28,4 ml). Somit entsprechen 15 oz. einem schooner in Neusüdwales.

Machen Sie sich keine Sorgen, wenn Sie auf den Gläsern keinen Eichstrich entdecken können - den gibt's Down Under nämlich nicht. In der Regel wird aber bis zum Rand ausgeschenkt.

Pub-Slang

A bit too much
besoffen

Auch wenn das Bier am anderen Ende der Welt etwas leichter schmeckt als bei uns, so sollte man sich nicht dazu verleiten lassen, mehr als sonst zu trinken, denn eines haben alle Biere gemeinsam: den Alkohol. Hat man sich zu viel des Guten genehmigt, ist man betrunken. Und dafür haben die Einheimischen so einige lustige Begriffe parat...

TO BE
> blind, blithered, bombed, boozed and confused, far gone, floating on ice, grogged up, half-cut, full as a (boot / bull / goog), high as a kite, legless, pissed as a (fart / newt / parrot), off one's tits, plastered, primed, rotten, shit-faced, smashed, sozzled, stewed to the gills, tanked, stonkered, tired & emotional, wasted, well under

Pub-Slang

Ist der Zustand des Angeheitertseins so weit fortgeschritten, dass Sie unbedingt auf einem Emu zum Opernhaus in Sydney reiten wollen, bietet man Spöttern eine ideale Angriffsfläche, und es kann vorkommen, dass Ihr Umfeld Sie - im Spaß wohlgemerkt - als „Saufkopf" tituliert:

**alco, boozer, grog artist, hard case, metho addict,
piss-head (-pot, -tank), plonk-dot, plonko**

Ein **two-pot screamer** oder **pub-bore** ist jemand, der nicht viel Alkohol verträgt oder gar nicht trinkt (was natürlich keine Schande ist). Fällt das Wort **blotto**, ist eine Alkoholleiche damit gemeint.

to be in a bad way /	einen Kater haben
to have a hangover	
to blow in the bag	„Einmal pusten, bitte!"
booze bus	eine Art „Grüne Minna" für Fahrer, die unter Alkoholeinfluss stehen

Parking a tiger on the rug
sich übergeben

muss man spätestens dann, wenn man eine Idee zu tief ins Glas geschaut oder das letzte Bier irgendwie „komisch" geschmeckt hat. Diese Prozedur ist für die betreffende Person natürlich nicht annähernd so witzig wie die zahlreichen Ausdrücke, die es dafür im australischen Slang gibt.

**to bark at the lawn, to call Bert
on the big white telephone,
to chuck, to chunder,
to drive the porcelain bus,
to heave, to lay a pizza,
to park a tiger on the rug,
to puke, to talk on the porcelain phone, to shout for Ralph,
to call for Ruth, to spew,
to technicolor yawn, to vomit,
to yodel**

Klo-Slang
Running out of poo-tickets

Das nachfolgende Vokabular hat den alltäglichen Gang zur Toilette zum Thema. Auf allzu detailreiche Umschreibungen kleinerer und größerer „Geschäftsabschlüsse" sollte jedoch verzichtet werden. Ein einfaches **„I need to go to the toilet!"** reicht vollkommen aus.

bog / **can** / **crapper**	Plumpsklo - Im Hinterland handelt es sich dabei meist um einen Blecheimer, der 2x wöchentlich geleert wird.
dunny	gebräuchlichstes Wort für Klo; ursprünglich ein Plumpsklo
dunny budgie	Die Klofliege - lästig wie eh und jeh.
redback under the dunny seat	Wenn die Klobrille plötzlich anfängt zu zwicken, wohnt eine Rotrückenspinne zur Untermiete.

"HE'S OFF TO THE CRAPPER TO LEAVE AN OFFERING!"

Klo-Slang

bog 🌶 / **can** / **crapper** 🌶	Plum
Jerry	Nachttopf
John	Lokus
loo	Klo
lav / **lavvy**	Toilette
porcelain bus	Porzellan-Bus
shithouse 🌶 / **shouse** 🌶	Scheißhaus
the big white telephone	das große weiße Telefon
throne	Thron
thunderbox	Donnerkiste
toot / **washroom**	sehr vornehm (meist Frauen)

to cut the mustard	den „Senf" schneiden
to go for a piss 🌶 / **slash** 🌶	pissen
to kill a snake	eine Schlange töten
to piddle	pinkeln (Kindersprache)
to point Percy at the porcelain	„Percy" das Porzellan zeigen
to shake hands with	dem „besten Freund" der Frau
the wife's best friend 🌶	Guten Tag sagen
to spend a penny	Wasser in die Ecke stellen
to take a leak	ein Bächlein machen
to water the flowers / **horses**	die Blumen gießen
wee-wee	Pipi (Kindersprache)

arsepaper 🌶	„Scheißpapier"
to break winds	Lüfte freisetzen (furzen)
to choke a darkie / **to drop a log**	einen „Neger" abseilen
to drop one's guts	seine Schläuche entleeren
to give birth to a detective 🌶	einen „Polizisten gebären"
to have a dump 🌶 / **kip** 🌶 / **shit** 🌶	scheißen
a pack of poo-tickets / **date-roll**	Klopapier
to park the breakfast	das Frühstück parken
to pay a longer visit	einen längeren Besuch abstatten
pong	Gestank
poo	Aa (Kindersprache)
to pound the porcellain	auf dem Porzellan trommeln
runny-poo / **trots**	Durchfall

Index
Alle Vokabeln im Überblick

Hier finden Sie noch einmal alle in diesem Buch vorkommenden Vokabeln in alphabetischer Reihenfolge. Wenn Sie also irgendein Wort aufschnappen sollten, können Sie es schnell nachschlagen. Manche Begriffe haben unterschiedliche Bedeutungen. Daher sind manchmal mehrere Seitenzahlen angegeben.

A

Abo 20, 56
Aboriginal 27
about right 49
abso-bloody-lutely 48
acca 53
accelerator 58
ace 42, 47
acid 74, 89
acre 83
across the ditch 18
ACT 16
addy 56
aerial ping-pong 67
afternoon tea 107
aggro 56
agots 84
airbags 85
Akubra 75
alco 123
ale 120
Alf 41
Alice 14
all you can eat 105
amber 111
ambo 63
amen snorter 94
anchors 58
ankle biter 37
ants pants 76
apeshit 96
apple eaters 18
Apple Island 14
Apple islanders 18
apples 47, 85
apricots 84
arcade 70
around the twist 96
arse 36, 62, 83, 95
arse about 62
arse over tit 47, 88
arse-end 15, 83
arsehole to breakfast 52
arseholed 62
arsepaper 67, 125
arvo 43, 55
atta-boy 67
auntie 37
Aussie 53
Aussie Rules 67
Australia Day 22
Australian Capital Territory 16
Australian Football 67
Australian salute 29
avo 105
award 62
awesome 47
awning 83, 116
axe 62
ay 32

B

babe 86, 87
baccie 43
back 98
back blocks 14
back of beyond 14
back of Bourke 14
backchat 32
backdoor 92
backside 83
backwards 15
bad trot 44, 70
bad way 123
baffle 49
bag 32, 37, 68, 86, 123
bag of fruit 76
bail 31, 32
baked dinner 102, 105
bakky 56
baldie 83
ball and chain 37
ball-breaker 88
balloon 89
balls 44, 84, 100
Balmain Bugs 110
banana bender 17, 119
Banana City 14
bananas 47, 96
bandicoot 78
bang 34, 89, 90
banged up 93
banger 105
bar flies 118

Index

barbeque 105
barbie 53
bargain 71
bark at the lawn 123
barney 99
barrack 67
Barramundi 102
barro 50, 56
bash 50, 100
basket case 96
bastard 38, 46, 47, 94
bastard from the bush 13
bat 84
bathers 76
battle 62
battle-axe 38
battler 44, 62
BBQ 105
be off 31
beak 63, 83
bean counter 63
beanie 76
beans 43
beat 33, 98, 99
beaut 47
beauty 47
beaver 85
bee's wax 50
beer-belly 83, 116
beer-gut 83, 116
beg yours 32
bell 33
belly 83
belly-buster 67
belly-button 83
belly-whacker 67
belt 74, 99
bender 118
Benjamin 27
Benji 27
berko 96
berserk 96
bet 70
better half 37
Bex 44

bible-basher 94
biffo 99
big note 36
big smoke 14
big sticks 67
big white telephone 12
bikie 53, 58
bikkies 45, 53, 71, 105
billabong 25, 76
billy 25, 105
Billy Bluegum 81
billy-can 105
billy-oh 40
bingle 58
bitch 33, 86, 94
bite 72
bities 53, 78
bitter 120
Bitumen 58
bitzer 79
bizzo 30, 33, 56
Black Bastard 79
black fellas 20
black incher 79
Black Stump 15
black tracker 27
blast 43
blimey 48
blind 34, 122
Blind Freddy 41
blithered 122
blob 67
block 83, 96
Bloggs 50
bloke 87
blood 4
blood and blister 37
bloody 95
bloody oath 48
bloody-minded 33
blow 50, 71, 92
blow through 31
blow up 45
blower 33
blowies 53, 79, 96
blow-in 67, 116

blowjob 92
bludge 44, 71
bludger 62, 71, 95
blue 99
blue eyes 83
Blue Heeler 58, 79
blue swimmer 74
bluey 25, 83
Blunnies 76
board 67
boardies 67, 76
boast 36
boatie 67
bobby 121
bodgie 99
bog 106, 124
Bogart 42
boil up 99
boiler 86
boiler-maker 116
bolt 22, 31
bolter 22
bomb 45, 58
bombed 122
bombo 115
bone 33, 98
bone pointing 27
bong 43
bonnet 58
bonzer 47
boobs 85
boodle 71
boofhead 41, 95
boogie-board 67
bookie 70
boomer 47, 67
boomerang 27, 71
boongs 20
boot(s) 58, 68, 100
booze 111
booze bus 123
boozed and confused 122
boozer 116, 123

Index

bo-peep 51
bora 27
bored 44
boss-of-the-board 65
bothered 44
bots 30, 71
bottler 47
bottlo 115
bottoms up 116
boundary rider 65
boutique beer 120
box 85
box jellyfish 79
bozo 41
brass 71
brass razoo 72
brawl 99
brawler 99
breadbasket 83, 100
break winds 125
brekkie 53, 107
brew 106
bride's nightie 31
Brigalo Suckers 83
brilliant 47
Brissie 14, 53
broke 72
broken 45, 92
brothel 49
brown dog 96, 107
brown-eye 83
brown-nose 36, 95
brumby 79
brush 86
Buck's night 92
bucket 32, 40
buckjumper 72
Buckley's (chance) 46
bucks 72
budgie 79
Buggalugs 50
bugger 48, 87, 93
bugger all 44
bugger up 45
buggered 39, 48, 62
buggery 98

bull 49, 62
bull ant 79
bull dust 15, 49
bull roarer 27
bull story 49
bull's roar 27
Bullamanka 15
bull-bars 59
bulldog ant 79
bullfuck 49
bullo 56
bullshit 49, 95
bullshit-artist 16, 95
bullshitter 49, 95
bum 83, 92, 94, 99
bum's rush 33
bump ugly 90
bun in the oven 93
bunch of fives 100
bundle 46, 93
bundle of joy 37, 47
Bundy 14, 112
bung 46, 50, 99
Bungarra 81
bung-hole 83
bunk off 98
bunyip 27
burl 50
bush 13, 85
bush fire 39
bush telegraph 33
bush tucker 103, 106
bush week 42
bushbash 59
bush-buzzer 92
bushed 39, 49
bush-hiking 67
bushies 13, 15, 54
bushman's
  brekkie 106
bushranger 23
bush-walking 67
butcher 51, 121
butcher's canary 79
butchers 96
butt 83, 94

butt-end 83
buzz 33
BYO / BYOG 107

C

cabbie 63
cack 42
cackle-berry 107
cactus 40
cadge 72
cadger 72
cake 35
cakehole 99
camp 92
can 33, 99, 124
Cancer stick 43
candy 87
cane toad 68, 79
carbie 59
cardigan 76
cark 40
carpetbagger
  steak 107
carton 115
Cascade 119
cash 72
cask wine 115
cat's piss 118
catch 31, 39
cats and dogs 39
cereals 107
chain-dragger 116
chain-smoker 43
chalkie 54, 63
chance 46
change 72
chap 87
character 49
charlies 85
chat up 88
Chateau
  Cardboard 115
cheeky 88
cheerio 31, 107

Index

cheers 33, 116
chest 47
chew & spew 107
chew 33
chewie 54, 68, 107
chiac 98
chicken 100
chimney 43
China 30
chinks 20
chinwag 33
chippie 54, 63
chock-a-block 51
chockers 51
chockie 54
chocolate-dipper 92
choke a darkie 125
choke the chicken 90
choof off 31
chookies 79, 107
chooks 79, 107
chop 35
Chrissie 42, 54
chuck 51, 63, 96, 123
chuck in 72, 120
chuck-a-lug 116
chunder 123
ciga-weed 43
ciggie 54
clanger 49
Clayton's 49
cleanskin 49
clobber 76, 100
clod-hoppers 83
club 93
clucky 51
clutch 59
coach 23, 49, 59
coaster 116
Coathanger 14
cock 44, 84
cock and bull 49
cockatoo 79
cockatoo weather 38
cock-breath 90
cockie 54, 65, 79, 80

cockie's joy 107
cockroach 17, 80
codswallop 50
coffin nail 43
coin 71
coit 83
coldie 54, 120
collar 98
Colliwobbles 40
come 42, 90
comfy 56
commie 54
compo 56, 62
concrete 35
conk 100
contractor 63
convicts 21
convo 33, 56
coo-ee 29
Cook 20, 51
cool 47
coolamons 27
coolibah tree 25
coons 20
cop 31, 44
cop out 46
cork(age) fee 107
corker 92
corroboree 27
cossies 54, 76
counter
meals 104, 107
coupla 53
cover 89
cow 38
crack a fat 89
crack a tinnie 116
crack of the whip 51
crack onto 88
crack the hardy 46
crack up 42
crack wise 36
cracker 72, 86
cranky 96
crap 50
crapper 124

crash 39, 47
crash repair shop 59
crate 115
crawler 36, 95
cray(fish) 110
creamed 68
creek 46
Creeping Jesus 94
creeps 51
Crikey 48
Cripes 48
crocs 80
crook 40, 46
crooked 40
Cross 14
Cross-roach 14
crow-eaters 18
Crown Juwels 84
crows 15, 48
cruddy 51, 56, 74
cruel 45
cruets 84
crumblies 38
cuddle 89
cunt 85, 95
Cup 70
cuppa 53, 107
curly 83
currents 68
curry 46
cut 33, 125
cut lunch 107
cut snake 96
cute 88
cyclone 38

D

dag 41, 76, 87
daggy 76
Dagos 20
daks 76
damp squib 46
damper 103, 107
dark on 96

Index

darkie 96, 125
darling 87
Darling Pea 98
Darling shower 38
Darwin stubbie 115, 121
date 83
date-roll 125
dead 40
dead cat 46
dead cert 50
dead heart 15
dead horse 108
dead marine 120
dead sailor 120
deadhead 95
deadset 50
deal 33
death adders 72
deep sinker 120
dekko 51, 56
Delicatessen 108
Deli 104, 108
dero 95
detective 125
dial 83
dick 84, 95
dick stickers 76
dickhead 95
dicky 51
didge 28
didgeridoo 28
digger 22
dill 41, 95
dilly bag 28, 110
dingbat 41
ding-dong 100
dingo 80, 108
dingo's breakfast 106
dingo's donger 38
dings 20
dinkum 50
dinkum oil 50, 70
dinky-die 50
dip out 116
dipstick 41

discount 72
dishy 88
diving suit 89
divvy 43
divvy van 58
dob in 33
dobber 33
docket 72
doctor 70
dodger 108
dodgy 51, 56
doe 71
dog 86
dog's eye 109
dogger 65
doggie bag 108
dog-stiffener 65
doll 76, 86, 88
dolly 86
dolphin 90
doncha 53
donger 84
donk 59
Donkey's years 30
dooks 83
Doona 76
dork 41
dose 50
dover 15
drag 92, 116
drag queen 92
draggie 92
dreadnought 89
dreamtime 28
dressed 75, 76
drift 50
drip 51
Drizabone 76
drongo 41, 87, 95
drop 93, 125
drover 65
drover's dog 33
drovers and stockmen 17

druggie 54
drum 50
dry 38, 117
dry old stick 86
duck 67
duck's dinner 106
duck's nuts 47
duckbill 81
dud-dropper 72
duds 76
duff 93
duffer 22
dugong 81
dumb nut 41
dummy 96
dump 88
dumper 68
Dunlop cheque 71
dunno 56
dunny 46, 51, 82, 89, 124
dunny budgie 124
dunny-brush 83
durry 43
Dutch 117
dyke 92

E

ear-basher 34
Eastern staters 17
easy going 10, 44
easy money 72
echidna 81
egg-boiler 76
egg-head 41
ekka 53
ellbow-grease 62
emu 40
envelope 89
Enzedder 20
esky 104, 108, 120
euros 20
evo 43, 56
exie 55, 72

Index

F
face fungus 83
fag 43, 92
fair 51
fair enough 34
fall for 88
family benefits 84
fan-bloody-tastic 47
fancy 35, 88
fang 59, 108
fang carpenter 63
fangs 74, 83
fanny 85
far gone 122
fart 36
fart-arse around 62
fat 33
Father's Day 46
feed 108
feel like 34
fella 53, 87
fib 50
fibber 50
figjam 36
fill up 59
fire 34, 89
fire ban 39
fire sticks 28
fired 62
firie 63
first cab 52
First Fleet 22
fit 40
five-finger-discount 72
fizzer 68
flake 108
flaked out 39
flake 108
flame 86
flaming 95
flash 76
flash bastard 36
flat chat 34
flat out 34, 62
flattie 59
fleabag 37

fleece off 72
flicks 52
flip 90
flip-flaps 77
floater 95
floating 122
flog 46, 68, 90
flowers 125
fluff 85
flutter 70
fly cemetary 108
fly country 15
Flynn 88
footbrawl 67
footy 56, 67
fossick 22, 52
fossicker 22
fossils 38
Foster's 119
four-penny dark 115
fraud 72
freckle 83
freebie 55, 72
French fries 108
French kiss 89
French letter 89
Frenchie 55, 89
freshie 55, 80
fridge 108
frogs 20
front 100
fruit-cake 41
fruiterer 108
fruit-loop 41
fry 39
fuck 90, 95, 98, 99
fuck truck 92
fucknose 34
fuck-stick 84
full 122
full feather 40
full of beans 43
funbags 85
fur-burger 85
furniture 68
furphy 49

G
G'darn 48
G'day 30
galah 81, 87, 95
game 23, 92
gammy 40
gander 51
gang 62
garbo 56, 63
garden path 34, 50
gasbag 34
gawk 88
gear 59, 76
Gee & Tee 115
generic wines 111
germ 95
gerries 38
get amongst 117
get laid 90
get off 90, 99
gibber 15
gibber 15
gills 122
gin 28
ginger nut 83
girl's blouse 92
give away 46
give birth 125
give head 92
gladdie 55
glass 121
glove 89
go 50, 51, 68, 116
go Dutch 117
goalie 68
goanna 81
God botherer 94
goer 34
going 30
gold tooth 76
goldies 74
Gong 14
gonna 53
good oil 50, 70
good sort 47
good trot 47

Index

goodies 55
goodo 34, 47
goody bag 89
goof up 45
goog(s) 20, 107, 122
goonie 115
government stroke 62
graft 62
grafter 62
granny 38
grapes 40
grass 42
grazier 65
greenie 55
Gregory Peck 83
grey nurse 81
grizzle 52
grog 111, 115, 117, 118
grog artist 123
grogged up 122
groins 84
grommet 68
grot 52
grotty 52
grouse 47
grub 108
grumble-bum 52
guess 34
guff off 44
gum (tree) 15, 60
gumby 41
gum-suckers 18
gun 65
gun-shearer 65
gurgler 46
guts 34, 83
gutzer 46
guy 87
gympy 40
gyno 63
gyp 50

H

hack 42
had 40, 74
haggle 72
hair of the dog 115
hairy pie 85
half-cut 96, 122
handbrake 37
handle 120, 121
handsome 88
hang 30, 34, 43, 44, 117
hangover 123
hanky panky 89
happy 46, 47
hard case 46, 123
hard on 89
hard salami 90
hard word 74, 89
hard yards 68
hardy 46
hatch 116, 117
have a shot 100
hay 39
head 52, 92, 99
heaps 34
heart starter 117
heat 89
heave 123
hell 34, 46
here's to 117
high as a kite 122
Hill 14
hit 31, 34, 39, 100
hit the kick 72
hiya 30
hog 52
Holden 59
hole 85
hollies 55
honey 87
hooch 43
hooley-dooly 47
hoon 59, 100
hoop 70

hooroo 31
hooter(s) 59, 85
hoover 43
hop into 108, 117
hopeless 46
horn 59, 89
hornbag 86
horny 89
horse(s) 109, 125
hostie 64
hot 47, 98
hot cakes 73
hotel 112
hots 88
hotted up 59
house on fire 89
howly-bag 52
howzat 34
hubby 38
hug 89
hump 25, 59, 90
humpy 15
Huns 20
hussy 86

I - J

ice beer 120
icy-pole 108
idiot-box 44
iffy 51
Ikey-mos 20
illywhacker 72
intro 56
irrits 49
Islanders 20
Ities 20
ivories 55, 83
Jack 34, 59
jack off 90
jackeroo 65
jacket 89
Jack-in-the-box 52
jaffle 108
Jake 47

Index

jaked 39
Japs 20
jaws 83
Jeeze 48
Jerry 125
jewels 84
Jewish 35
jibber 33
jigged 39
jilleroo 65
Jingos 48
jockey 70, 109
Joe Blade 81
Joe Bloggs 50
Joe Blow 50
Joe Dancer 40
joes 46
Joey 81, 93
John 125
jollop 115
jolly green giant 74
journo 56, 64
joybag 89
joystick 84
jug(s) 85, 120
juice 59
Juicy Lucy 85
jumbuck 25, 81

K

kacky hander 63
kanga 42, 81
kangaroo 81
karfuffle 49
keen 52
keg 120
Kelly 23
kelpie 81
kick 40, 72, 96
kick in 72
kick off 40
kick on 117
kiddies 38, 55
kids 38

kill 44, 125
kindie 55
king hit 100
kinky 92
kip 39, 125
kit 52
kite 121, 122
Kiwi(s) 20
knackers 84
knickers 76
knock 32
knock down 100
knock off 62
knock up 90, 93
knock-back 46, 88
knocker 32
knockers 85
knock-shop 92
knotted 90, 98
knuckle down 62
knuckle sandwich 100
koala 81
kookaburra 82
Koories 27
Krauts 20

L

Lady Blamey 120
Lady Muck 36
Lady's waist 121
lag 33
lager 120
laid back 44
lair 36, 76, 87, 88
Lamington 108
Land of Oz 10
lark 34
larrikin 100
Larry 47
lashing out 73
last order 117
last round 117
laughing gear 83
Laughing Jackass 82

lav 125
lavvy 56, 125
lay a pizza 123
lay-by 73
lead 50
leak 125
leg 34, 63, 118
legless 122
lemon 92
leslie 92
lezzo 92
licensed 104
lie doggo 46
life 30
lift 59
light 120
lippie 55, 88
liquid amber 111
liquid lunch 117
liquor store 115
little boy 107
littlies 38, 55
live off 62
livestock 65
living daylights 99
lizard(s) 48, 62
loaf 83
loan shark 73
lob in 52
lobster 74, 110
log 90, 125
lollies 109
lolliewater 115
lolly 71, 83, 96
longer visit 125
long-neck 115
loose 42
lot 73
lousy 46
love 36
love birds 89
love spuds 84
Lucky Country 19
lunatic soup 111
lunch 107
lurk(s) 63, 117

Index

lush 87
luv 30, 87
lyre bird 82

M

Macadamia 110
Maccas 109
mag 33
maggie 55
magoo 28
magpies 17
make a Mickey 42
make eyes 88
make love 90
make tracks 31
makings 68
Mallee bull 40
Manchester 76
mangy bastard 73
map of Tassie 85
marbles 84
marge 109
marine stinger 79
Mary Jane 43
mate 12
Matilda 24, 25
McVomit's 109
meat pie 102, 109
mess around 99
message stick 28
met fairy 39
metho addict 123
Mexicans 18
middy 121
milko 64
min min 28
minge 85
mintie(s) 70, 109
miserable 78
miss 116
missus 37
mob 38
mockers 46
moggy 82

mollydooker 63
mongrel 96
month of Sundays 43
moo-juice 109
moolah 71
moon tan 39
moonlight flit 72
moosh 83
morning tea 107
mose 47
motza 47, 73
mountain 46
movies 52
mow 83
moxie 46
mozzies 55, 82
Mr Tiny 90
muck 42, 44
muddies 110
muff 85
muff-dive 92
muff-munch 92
mug 68, 83, 95
mug lair 36, 76, 95
Mulga 15
mull 43
mullet 41, 49
mullock 33
mullygrubber 68
munchies 109
Murris 27
mushies 109
muso 56
Musselbrook 46
mussles 110
mustard 52, 125
mutton 40
mystery bag 109

N

nackered 39
nail 34, 90
nan(ny) 38
nap 39

nark 43
narkie 96
nasty piece of work 96
naughty 89, 90
neato 47
neck 34
Ned Kelly 23
Neddy 82
Nelly 115
never-never 15
New South Wales 17
nick 40, 68, 74, 89
nick off 98
nicky whoop 31
niggly 96
night cap 89
nightie 31, 55, 76
nipper 37, 68
nippers 74, 110
nippy 39
noggin 83
no-hoper 46
noisy 51
no-neck 68
norks 85
Northern Territory 17
nose 99
nosh 108
nowhere 15
NSW 17
NT 17
nuddie 89
nude 89
nudie booth 92
nugget 95
nuggets 84
nulla nulla 28
number 90
nut 83
nut chokers 76
nut ducker 33
nuts 84, 98
NZers 20

Index

O

o.s. 52
oath 48
ochre 28
ocker 52
off-sider 63
oil rag 62
old bag 37
old cheese 38
old fella 84
old lady 38
old man 38
oldies 38, 55
olds 38
on fire 89
on heat 89
on tap 121
on the game 92
on the grog 118
on the outer 117
one-night stand 89
opossum 82
orchard 65
orright 34
out of shape 68
outback 13
oven 93
overlander 65
oy 30
oysters 110

P

paddock 42, 65
paddy van 58
palaces 46
panel van 59
pants 42, 76
panty waist 92
paradise 44
paradise bird 82
park 123, 125
party-pooper 43
pash 89
pass away 40

pastoralist 65
Pat Malone 52
Pav(lova) 109, 109
paw-paw 110
peaches 85
pea-dodger 76
pearler 86
pencil down 34
penny 125
perch 40, 117
Percy 125
perk 63
perve 88
pervert 92
pester 34
Peter 84
petrolhead 59
petting 89
Phar Lap 70
phew 34
picaninny 28
pick up 88
picker-up 65
piddle 125
piece of cake 35
piece of piss 35
pie-eater 96, 109
piffle 49
pike out 43
piker 43, 100
pillow biter 92
Pilsener 120
pimp 92
pinched 52
pineapple 74
pink 48
pinnie 70
piss 39, 42, 95, 115,
125
piss down 39
piss off 96
pissed 122
piss-fart around 33
piss-head 123
piss-pot 123
piss-tank 123

piss-up 118
Pitt Street 49
pivot on 35
pixies 39
pizza 123
plastered 122
plastic money 74
plates of meat 83
platypus 80
play possum 35
pleasethanks 118
plonk 115
plonk-dot 123
plonko 123
pocket 36
POHM 2
poke 33, 90
pokie 70
pollie 64
Pommies 20, 22, 55
Poms 20, 22
pong 125
pony 121
poo 125
poofter 92, 96
poo-jammer 92
pool 70
poons 20
poo-tickets 125
pop in 35
porcelain bus 123, 125
porcelain phone 123
pork chop 35
port 77, 115
poser 36
possum 82, 87, 98
possum guts 100
postie 55
pot 121
pot-hole 59
pouch 93
poultice 70
pound 125
pox-doctor's clerk 76
pozzie 55, 63
prang 58

Index

prawn(s) 31, 42, 99, 110
preggers 93
preggie 93
prezzie 55
prick 84, 95
primed 122
privates 84
prize 88
prossie 92
prune 41
pub bore 118, 123
pub crawl 118
pub flies 118
puke 123
pull in 59, 99
pun 70
push-bike 59, 68
pushie 68
pussy 85
pussy-cat 85
put up 52

Q

QLD 17
quack 64
Quaky Isles 20
Queensland 17
Queensland cattle dog 79
Queensland nuts 110
queer(ie) 92
quid 42, 74

R

rabbit 100, 115
race off 92
racehorse 43
races 70
rack off 98
radio 59
Rafferty's rules 49

rag 62, 86
rage 43
railway tracks 83
raincoat 89
Ralph 123
rammies 76
randy 89
rank 52
rapt 47
rat 52, 76
rat's arse 35
ratbag 52
ratshit 46
raw prawn 42, 99
rearrange 100
rebound 88
reckon 35
Red Ned 115
red sails 92
red steer 39
redback 42, 74, 82, 124
Redfern 90
ref 68
reggo 56, 60
rellies 38, 55
Resch's 119
retread 63
Rhone 48
rich meal 108
Rick 63
ridgie-didgie 50
righto 34
ring 33
ringer 65
rip off 74
ripe 52
ripper 47, 86
ripper-Rita 47
ripper-Sheila 86
rips 68
ripsnorter 47
rissole 31
road train 60
rollie 43
roo 81

roo-bars 59
root 84, 90
rooted 39, 63
ropes 63
rort 43
rorty 89
rotten 122
rough 45, 68
rough off/up 100
round the bend 97
rouseabout 65
rubber 89
rubbish 32
Rubbity Dub 116
rug rat 37
rug up 77
rugby 68
rumb delatives 38
rumble 100
runny-poo 125
Ruth 123

S

SA 18
sack 39
sacked 62
saltie 55
salute 29
salvo 56
sammich 107
sammie 55, 107
sandgropers 18
sanger 107
sarky 96
sav 51
scale 60
scallops 110
scam 74
scammer 74
school 112, 116
schoolies' week 43
schooner 121
scone 83
scorcher 39

Index

score 47
scrape 90
scratchie 70
screw 42, 45, 90
screwdriver 84
scrub up 77
scrubber 86, 95
scuffle 99
scum 96
scum bag 89, 96
scungies 76
scusi 35
sea wasp 79
sec 43
selector 22
seppos 20
septic tanks 20
servo 60
seven 121
shades 77
shag 43, 90
shagged 39, 63
shake 90
shandy 120
shape 68
shark 60, 118
sharkbait 69
shark-biscuit 69
shed-hand 65
sheep's back 64
Sheila 86
shellacking 69
shetland pony 121
shicker 118
shiddy 44, 46
shingle 42
shiralee 25
shirt tearing 100
shirty 96
shit 36, 47, 92, 95, 99, 125
shit creek 46
shit hot 47
shit-faced 122
shithouse 99, 125
shitless 44

shits 98
shit-stirrer 98
shit-take 42
shivoo 43
shonky 51, 74
shoot off 90
shoot through 31
shop around 74
short and
curlies 85, 100
shot 90
shout 112, 113, 118, 123
show pony 76
shower curtain 89
shrapnel 72
shuftie 51
sickie 55, 63
silly season 44
sillybuggers 44
silvertails 74
singlet 77
sink 118
sip 117
sit 116
sit-down money 63
sit-upon 83
six 121
six o'clock swill 113
sixer 115
six-pack 115
skite 36, 87
skull 116
slab 42, 115
slack 62
slag 85
slap and tickle 89
slash 125
slate 116
sleep-out 39
sleever 120
slips cordon 51
slog 62
slops 115
slut 86
smack 100

smart arse 36
smashed 122
smell 62
smoke 14, 43
smoko 56, 63
smoo 85
smoo-feast 88
smooch 89
snag 105
snake 90, 96, 125
snake's piss 115
snatch 85
sniper 30
snork 37
snorker 105
snout 98
snowball's chance 46
soapie 55
sock 31
softie 87
sook 37, 100
sort of 35
soup 31, 46
South Australia 18
sozzled 122
spade 33
sparkie 64
sparrow's fart 44
spass 96
spear 90
special 71
speedos 76
Speewa 15
sperm 96
spew 123
spin 33
spit the dummy 96
spliff 43
spout 93
sprog 37, 90, 93
sprog bag 89
sprung 52
spunk(y) 87
square off 35
square wheel 42
squatter 23, 24, 25

137

Index

squib 46
squids 110
squiz 51
stack 58
starkers 89
starve(d) 48, 108
station 65
steak and 3 veg 100
steam 115
steamer 110
stein 121
stew(ed) 35, 122
stick 99
sting 74
stinker 39
stir 98
stirrer 98
stock 65
stockholder 65
stockman 65
stone 48
stone broke 72
stonkered 122
stormstick 39
story 34
stoush 99
stout 120
straight up 50
strawbs 110
strewth 48
strides 76
strife 99
strike 48
stroke 39
strong 45
stroppy 96
stubbie(s) 76, 115
stuck 62
stud 87
stuffy 39
stump 15
stunned mullet 49
stunner 86
suck 51, 92
sucked in 42, 74
sucker 36, 95

suds 115
sugar 87
sundowner 25, 118
sunnies 55, 77
sunstroke 38
supper 107
surf 69
surfie 55, 69
suss 52
sussie(s) 52, 77
susso 52, 62
swag 24, 25
swaggie 25, 55
swagman 24, 25
Swan Lager 119
swank 77
sweet 44, 47
sweetheart 87
sweetie 87
swill-on 43, 118
swim 34
swimmers 76
swy 70
swy-school 70

T

ta 31, 33
TAB 70
tab 72
Take Away 104
tall poppies 74
tallie 115
tally-ho 31
tanked 122
tap 121
tart 86, 88
Tasmania 18
Tassie 14, 55, 85
Tassie devil 82
tea 107
tease 88
techie 64
technicolor yawn 123
tee up 44

telephone 124, 125
telly 42, 44, 56
ten 121
tenner 74
Territorians 17
thingie 46
thingo 35, 56
thingy 35
thongs 77
thoroughbred 25
threads 76
throne 125
throw the towel 46
thugby 68
thunderbox 125
thunderstorm 51
tick 43, 44, 72
tickets 36
tickle 35, 89
tides 35, 118
tiff 99
tight arse 73
tight wad 73
tin 72
tin-arse(d) 47
tingle 35
tinned dog 110
tinnie 55, 115, 116
tip-off 33
tired and
emotional 122
tit(s) 42, 47, 85, 88, 122
toey 52, 89
togs 76
tomato 69
tongue sandwich 89
tonsil-hockey 89
too right 48, 50
Toohey's 119
toot 125
top night 43
top paddock 42
top sort 86
Top-enders 17
toss off 90

Index

touchy 46
town bike 86
toyshop 83, 84, 116
traps 34
trash-talkers 16
trick 46
trooper 25
troppo 39
trot 44, 47
trots 125
trouble 30
trouble 30
trouble and strife 37
truckie 55, 60, 64
true blue 50
tub 52
tube 115, 116
tuck 110
tucker 108, 110
tucker-bag 25, 110
tucker-chute 83, 110
tucker-time 110
tuck-shop 110
turn up 50
turps 110, 115, 116
twenty to the dozen 52
twig 50
twist 97
Twisties 110
two-pot screamer 123
two-up 70

U

uggies 77
ugly 97
ugly stick 86
u-ie 60
Uluru 15
under the weather 40
underground
mutton 110
undies 55
union 63
unreal 47

up a gum tree 49, 60
urger 70
useful 42
ute 60

V

varietal wines 111
VB 119
Vee Dub 60
veg out 44
Vegemite 50, 103, 110
Vegemite driller 92
veggies 55, 110
veggo 56, 110
VIC 18
Victoria 18
Victoria Bitter 119
vino 115
virgin's ruin 115
Vitamin B 119
vomit 123

W

WA 18
waffle 34, 49
wag 52
walk 118
walkabout 28
walkover 69
wallaby 25, 82
wallaby track 82
walloper 25
Wally 46
waltz 25
Waltzing
Matilda 24, 25
wank 90
wanker 36, 87, 90, 97
wanna 53
war department 38
washroom 125
waste(d) 97, 122

water 125
waterbag 38
waterhole 116
wax borer 34
waxbag 34
wax-head 69
weak 118
weakie 55
wedding tackle 84
weed 43
wee-wee 125
weirdo 56
welcome 35
well under 122
Western Australia 18
wet 39, 90, 92
wet weekend 92
whacko 47
wharfie 55, 64
wheat beer 120
whinge 52
whinger 52
whinging Pom 20
whirl 50
white
pointer 60, 82, 85
white telephone 125
white-ant 33
who-ha 49
Witchetty Grubs 103
wicket 63
widgie 99
wife's best
friend 84, 125
Willy 84, 90
willy-nilly 49
willy-willy 38
wimp 87, 100
windbag 34
wing-ding 43
wits 34
witty 34
wobblies 85
wobbly 97
woffle dust 70
wog 40

Index

wogs 20
wonk 28
wonky 52
woomera 28
woop-woop 15
wowser 43
wreckie 64
write-off 60
wrong 35
wrongdrummed 36

X - Y - Z

X-Mas 43
XXXX 118, 119
yabba 28
yabber 33
yabbies 102, 110
yachtie 55, 67
yahoo 95

yakka 62, 77
Yankee shout 117
Yanks 20
yarn 33, 49
yawn 123
yobbo 95
yodel 123
youngies 38, 55
yowie 27
yuk(ky) 110
yummy 110
Zeds 39
ziff 83
zonked 39, 63

Liebe Leserin, lieber Leser!

*Was haben Mode, Computer, Autos und Sprache gemeinsam?
Sie alle unterliegen einem ständigen Wandel. Was heute noch in aller
Munde ist, kann morgen bereits ein „alter Hut" sein.*

*Natürlich sind Autor und Verlag bestrebt, diesen Sprachführer von Auflage
zu Auflage so aktuell wie möglich zu gestalten. Doch leider haben wir
(noch) keinen Zweitwohnsitz Down Under. Hier kommen Sie ins Spiel...*

*Falls Sie während Ihres Aufenthaltes in Australien neue Wörter und
Phrasen aufschnappen oder feststellen, dass einige Vokabeln in diesem
Buch nicht mehr zum alltäglichen Sprachgebrauch gehören, melden Sie
sich doch einfach bei uns:*

howtospeakaustralian@epv-verlag.de

*Für verwertbare Hinweise und Vorschläge revanchieren wir uns mit
einem Freiexemplar der nächsten Auflage – auf Wunsch auch vom Autor
signiert. Danke!*

„DOWN UNDER"